Manual de la teología para los católicos de hoy

Claudio M. Burgaleta, SJ

LIBROS
LIGUORI

One Liguori Drive ▼ Liguori, MO 63057-9999

Imprimi Potest: Thomas D. Picton, C.Ss.R.
Provincial, Provincia de Denver, Los Redentoristas

Nihil Obstat: David S. Ciancimino, SJ
Provincial, Provincia de New York, Los Jesuitas

Imprimatur: Excmo. Sr. Robert J. Hermann
Administrador Arquidiocesano, Arquidiócesis de St. Louis

Publicado por Libros Liguori, Liguori, MO 63057-9999
Para hacer pedidos llame al 800-325-9521.
www.librosliguori.org

Library of Congress Cataloging-in-Publication Data

Burgaleta, Claudio M.
  Manual de la teología para los católicos de hoy / Claudio M. Burgaleta.
    p. cm.
  Includes bibliographical references
  ISBN 978-0-7648-1789-2
  1. Catholic Church—Doctrines. 2. Theology, Doctrinal—Popular
works. I. Title.
  BX1754.B87 2009
  230'.2—dc22

                                                                  2009006536

Las citas bíblicas son de Biblia de América, sexta edición 1994.

Liguori Publications, corporación no lucrativa, es un apostolado
de los Redentoristas. Para saber más acerca de los Redentoristas visite
"Redemptorists.com".

Impreso en los Estados Unidos de Norteamérica
13 12 11 10 09   5 4 3 2 1

Para Avery Cardenal Dulles, SJ,
ilustre teólogo, sacerdote santo y fiel hijo
de San Ignacio de Loyola,
en la ocasión de su novegésimo cumpleaños,
con cariño y admiración

ÍNDICE

INTRODUCCIÓN

Este librito pretende ser una introducción a la teología de la cual han oído hablar tanto. El término *teología* se compone de dos palabras griegas, *Teos* (Dios) y *logos* (palabra), es decir, palabras acerca de Dios. Claro está que no cualquier palabra ni cualquier manera de hablar de Dios configura la teología y esto es lo que vamos a investigar en las próximas páginas.

En la tradición católica teológica, la definición de la teología que se ha utilizado más frecuentemente es una frase latina del siglo XI de San Anselmo de Canterbury, *fides quaerens intellectum.** Esa frase se ha traducido de diversas maneras: fe que busca hacerse inteligible, reflexión crítica acerca de la fe, dar razón de la fe, explicar la fe de manera que tenga sentido para el presente. Todas estas interpretaciones de la famosa frase de San Anselmo tienen en común algo muy nuestro como católicos: la relación mutuamente esclarecedora de la fe y de la razón, ambas dones de Dios, aunque diferentes una de la otra. La teología, pues, es el pensar acerca de la fe o la revelación o verdad que Dios nos ha dado acerca de sí mismo, especialmente en Jesucristo, la revelación perfecta de quién es Dios.

---

*Los términos en itálica se explican con más detalle en la sección "Términos claves" que empieza en la página 85.

Objetivo

Pero ¿por qué un libro acerca de teología para laicos? ¿No es la teología solamente para los sacerdotes y religiosas? ¿Qué puede aportarte como católico o católica saber algo acerca de la teología? ¿No basta con leer el *Catecismo de la Iglesia Católica*? Una comprensión de la teología puede aportarte mucho: desde una comprensión más profunda de la más completa Palabra del propio Dios, que es Jesucristo, se te ofrece un recurso necesario para desarrollar tu servicio a quienes pretendes servir en el espíritu de ese Jesús de Nazaret. Como veremos la teología no es catequesis y aunque no hay que ser teólogo o teóloga para salvarse o ser buen cristiano o cristiana, ayuda tanto para nuestro enriquecimiento propio, como para nuestra preparación para comunicar la fe el tener una sólida formación teológica. Así se lo vienen proponiendo a los jóvenes todos los Santos Padres de los últimos tiempos, incluyendo el actual:

Así se lo vienen proponiendo a los jóvenes todos los Santos Padres de los últimos tiempos, incluyendo el actual.

> [C]ultiven sus talentos no sólo para conquistar una posición social, sino también para ayudar a los demás "a crecer". Desarrollen sus capacidades, no sólo para ser más "competitivos" y "productivos", sino para ser "testigos de la caridad". Unan a la formación profesional el esfuerzo por adquirir conocimientos religiosos, útiles para poder desempeñar de manera responsable su misión. De modo particular, les invito a profundizar en la doctrina social de la Iglesia, para

que sus principios inspiren e iluminen su actuación en el mundo.[1]

¿Y cuál sería ese recurso que te digo que tanto podría ayudarte? La idea que inspira estas páginas es proporcionarte una introducción básica a lo que es la teología para que tengas un marco de referencia que te ayude a ubicar lo que vas aprendiendo de la fe cristiana. También es un recurso para que sepas entender lo que es teología católica y distinguirla de otros enfoques, ya sean cristianos o seculares, acerca del mismo tema.

Enfoque

Seguiremos un enfoque histórico-sistemático. Ciertamente ésta no es la única manera de tratar el tema, pero creo que ofrece el marco de referencia más amplio para ubicar lo que ha sido y es la teología católica. Por enfoque histórico-sistemático lo que quiero decir es un tratamiento del tema de la teología desde la perspectiva de cómo se ha desarrollado a lo largo de la historia y también de cuáles son sus elementos constitutivos o esenciales. Inspirados por la visión del Concilio Vaticano II que aconseja que la palabra de Dios esté en el núcleo de toda teología católica, también dedicaremos atención a la relación entre la teología y la revelación.

Quizá se pueda entender mejor la razón por la que miraremos a la teología de estas diferentes perspectivas recordando el cuento de los ciegos y el elefante. Un grupo de ciegos y ciegas se encontró con un elefante. Ninguno de ellos o ellas habían oído nunca hablar de tal bestia y, siendo ciegos, mucho menos habían visto tal coloso. Los ciegos se pusieron alrededor del elefante y utilizando el tacto trataron de descubrir qué tipo de ser era éste con el que se habían topado. A los ciegos que estaban cerca de la trompa del elefante les pareció que se trataba de una serpiente, mientras que las ciegas que tocaban las orejas del animal pensaban que se parecía a una planta con hojas grandísimas, como una palma. Sin embargo, a los que tocaron sus sólidas e inmensas patas les pareció que no era un animal el que estaban conociendo por primera vez sino a unos árboles muy ancianos con troncos fuertes y gruesos.

El cuento de los ciegos y las ciegas y el elefante nos recuerda que la teología es un animal raro y amplio que según la manera en que se trate de conocer parecerá una cosa u otra, muy diferente la una de la otra. Sin embargo sólo al ver el conjunto de elementos que componen la teología podremos apreciar lo que ésta es en su totalidad. Por eso no vamos a comenzar con una definición del tema. Esto lo dejaremos para el final del libro después de que hayamos explorado la teología como los ciegos y las ciegas del cuento.

Organización

Empezaremos con una primera aproximación al tema de la teología distinguiendo lo que no es, es decir por la *vía negativa*. Después miraremos los elementos constitutivos de la teología católica y la diferencia entre ésta y otras tradiciones cristianas. Pasaremos a una consideración de las diferentes ramas de la teología y los temas que tratan, después de hacer un breve recorrido por los principales movimientos teológicos a lo largo de la historia del cristianismo. Al final de cada capítulo hemos incluido algunas preguntas de reflexión para ayudarte a mejor entender el contenido que acabaste de leer y para proporcionarte una oportunidad de comentarlo con otras personas. Concluimos con sugerencias para seguir tu estudio de teología y una lista breve de términos claves que aparecen en el texto para que puedas consultarlos fácilmente. Por último te proveemos una bibliografía selecta de documentos magistrales y libros acerca de la teología que puedes consultar para seguir profundizando en este campo tan fascinante.

Nota

1. Benedicto XVI, Mensaje a los jóvenes del mundo con ocasión de la XXII Jornada Mundial de la Juventud 2007: "Amense los unos a los otros. Como yo los he amado" (Jn 13:34), 27 de enero, 2007, © 2007 Libreria Editrice Vaticana, www.vatican.va/holy_father/benedict_xvi/ messages/youth/documents/hf_ben-xvi_mes_20070127_youth_sp.html. Accesado 18 de octubre, 2008.

1

LA TEOLOGÍA Y OTROS TIPOS DE PENSAMIENTO RELIGIOSO

Introducción

Una forma muy antigua de definir algo es explicitar lo que no es. Esta *vía negativa* o definición por negación es de lo que se trata este breve capítulo. Pretendemos entender mejor la teología fijándonos en lo que no es la teología. La teología no es simplemente un interés por lo divino sino que se ilumina con las ciencias sociales desde el enfoque de la fe. Por tanto estudiaremos las diferencias entre teología y fe y entre teología y el estudio de la religión desde las ciencias sociales o humanas. De esta manera conseguiremos una idea más clara acerca de las competencias del teólogo o la teóloga y de la reflexión racional acerca de la fe que trata de desarrollar.

La diferencia entre la teología y la fe

San Anselmo definía la teología como *fides quaerens intellectum*, es decir la fe que busca ser inteligible. Esto quiere decir que la teología cristiana siempre arranca de la fe que la Iglesia ha recibido de Jesucristo y que transmite de generación en generación. Y por tanto los teólogos dependen de la Iglesia para su trabajo. Dependen de la Iglesia en primer lugar porque sin ella el contenido de la fe, el llamado *depósito de la fe*, que los teólogos emplean para su reflexión, no existiría. Pero también dependen de la Iglesia en tanto que su producción teológica está bajo la autoridad de los líderes de la Iglesia, los obispos, que han recibido el mandato de Jesucristo de enseñar y cuidar la fe. Esto no quiere decir que el teólogo o la teóloga estén obligados a repetir palabra por palabra las formulaciones de los obispos. Pero sí significa que su manera de interpretar y presentar la fe requiere el visto bueno de la jerarquía en cuanto que representa correctamente lo que enseña y cree la Iglesia como la fe que ha recibido de Jesucristo.

Pero la teología es una ciencia que, aunque se basa en la fe de la Iglesia, intenta ir más allá del contenido literal de la fe, como por ejemplo lo encontramos en la Biblia, los credos o profesiones de fe de los grandes concilios de la Iglesia, o el *Catecismo de la Iglesia Católica*. La teología reflexiona metódicamente acerca del contenido de la fe para explicarla de nuevas maneras para nuevos tiempos. Su fin es explicar e iluminar los misterios de la fe, a través de una exploración racional de los mismos. Estos misterios de fe contenidos en el depósito de fe recibido de Jesucristo y transmitidos a la Iglesia a través de los Apóstoles son lo que la teología llama la *fides quae creditur*. La fe es, al fin y al cabo, don de Dios que supera la razón humana, pero no es irracional. La fe es también *fides qua creditur*, es decir una relación personal con el Dios vivo que se hace presente en nuestro ser e inspira en nosotros el acto de amor, esperanza y confianza que constituye la fe. La teología estudia la racionalidad de la fe y expresa el sentido inteligible de la fe. Sin embargo, la teología reconoce que hay elementos en la fe que superan la racionalidad humana y que ésta no puede deducir automáticamente, por ejemplo, que Dios es uno y trino.

El conocimiento de que Dios es uno y trino no pudo haber sido descubierto por la razón humana. A primera vista esta doctrina parece una contradicción lógica. La teología parte de lo que se nos ha dado por medio de la fe y reflexiona acerca de ello para ilustrar que la doctrina de la Trinidad no es absurda. Se podría decir que la teología intenta estudiar la fe desde dentro, desde la postura de un creyente que quiere penetrar la profundidad y la anchura de la fe que hemos recibido de Dios en Jesucristo por medio de su comunidad, nuestra madre la Iglesia.

La diferencia entre la teología y el estudio de la religión desde las ciencias humanas

Mientras que la teología estudia la fe desde dentro y el teólogo o la teóloga mira al contenido de la fe como creyente que quiere entenderla mejor y profundizar en las riquezas de su misterio aun más, el estudio de la religión desde las ciencias sociales o humanas es un estudio científico desde fuera. Las ciencias humanas, (como la psicología, la sociología, la economía, la antropología, la historia), estudian diferentes aspectos del ser humano, ya sea su pasado, su cultura, su manera de organizarse en comunidad, su manera de pensar y su vida afectiva. Cada una de estas ciencias sociales se preocupa por aquellas facetas de la religión que la observación científica y la estadística pueden medir y analizar.

Por ejemplo, la psicología se centra en la influencia de las religiones en las mentes de sus creyentes: la naturaleza de la experiencia religiosa o mística, o el efecto de la oración en la salud de la persona. Estos estudios de las religiones prescinden de la fe como tal porque se trata de un aspecto de la religión, el ámbito del espíritu, que el investigador o investigadora no pueden medir o convertir en objeto de estudio. Éstos no pueden reproducir los resultados de los estudios científicos de manera que otros investigadores puedan comprobarlos de manera idéntica. El elemento subjetivo está demasiado pronunciado en el ámbito de la relación entre la persona y Dios como para ser materia de estudios positivistas o empíricos que no pueden indagar en campos tan sutiles como el de la gracia.

El comienzo del estudio de la religión por las ciencias humanas no fue muy afortunado para la religión ya que los grandes investigadores alimentaban ciertas sospechas acerca de la misma. Por ejemplo, los llamados *maestros de la sospecha* del siglo XIX y comienzos del siglo XX, Sigmund Freud, Karl Marx, Friedrich Nietzsche, eran hostiles a la religión por considerarla un fenómeno ajeno al progreso del ser humano. Estos maestros de la sospecha, afirmaban que el ser humano es manipulado y explotado por fuerzas encubiertas, ya sean bloqueos psicológicos, intereses económicos, o ideologías filosóficas. De estas fuerzas escondidas habría que liberarse, bien por medio del psicoanálisis, la revolución del proletariado o los trabajadores, o por la fuerza de la propia voluntad. Para ellos la religión era cómplice de la esclavitud del ser humano al imponerle a los hombres y mujeres una creencia irracional en la existencia de un ser superior, Dios, que no podía verificarse empíricamente. Según estos maestros de la sospecha, esa creencia en lo irracional mantenía a las personas en una perenne inmadurez que las hacía víctimas de intereses económicos o políticos e incapaces de vivir libres de presiones internas o externas. Sin embargo, no todos los científicos sociales tuvieron una opinión negativa acerca de la religión. Entre los pioneros en el campo de la psicología de la religión que mantuvieron una perspectiva más equilibrada podríamos nombrar a William James, Carl Jung, Rudolf Otto, Erik Erickson, Erich Fromm, entre otros. En el campo de la sociología de la religión Max Weber, Émile Durkheim, Peter Berger, y Clifford Geertz también vieron a la religión como un fenómeno positivo.

Muchos de los grandes investigadores de la psicología de la religión han sido influenciados por ciertos presupuestos protestantes que tienden a hacer una separación demasiada nítida entre la experiencia religiosa y la vivencia comunitaria de la religión. Se trataría de hacer una distinción entre lo que la teología llama la fe y la institución de la Iglesia. Algunos psicólogos de la religión consideran la experiencia religiosa personal e individual como el estado puro, ideal y sano de la religión, mientras que se sospecha de lo comunitario o institucional como una forma de religiosidad inferior, dependiente de la autoridad, inmadura. A pesar de estas limitaciones, la psicología sigue interesándose por la religión y viceversa. Especialmente en la consejería pastoral y la dirección espiritual, la psicología seguirá siendo un valioso socio o interlocutor acerca de los misterios de Dios y la persona humana.

Conclusión

Hemos visto que la fe que trata de encontrar una comprensión racional se parece, pero no es igual, al estudio científico de la religión desde las ciencias humanas o al contenido o llamado *depósito de la fe*. La teología parte de la fe que recibe de la Iglesia y que ésta a su vez recibió de Jesucristo, pero busca ir más allá de la forma en que esa fe se ha expresado en los credos o catecismos. La teología busca investigar o sumergirse más profundamente en el aspecto racional del misterio que es Dios. Al no alejarse de la fe sino basarse en ella para su reflexión, la teología se ocupa de aspectos de la religión que las ciencias humanas no pueden investigar. Éstas se detienen en lo que pueden observar y medir científicamente de manera que sus resultados pueden verificarse por medios empíricos.

Sin embargo esta aproximación a la teología por *vía negativa* no es suficiente para entenderla. Para averiguar lo que es la teología tenemos que estudiar sus elementos constitutivos, es decir, su naturaleza como tal. En el próximo capítulo atenderemos esa tarea examinando las características propias de una teología católica romana.

Para reflexionar y comentar

1. ¿Cuál es la diferencia entre la teología y la fe? ¿Se te ocurre algún ejemplo de tu experiencia?
2. ¿Cuál es la diferencia entre la teología y el estudio socio-científico de la religión?
3. ¿Qué significa entender a la fe desde dentro y desde fuera? ¿Tienes alguna vivencia personal de estas dos maneras de entender la fe?
4. ¿Quiénes son los maestros de la sospecha y que opinan sobre la religión?

2

ELEMENTOS DE LA TEOLOGÍA CATÓLICA ROMANA

Introducción

Una vez que hemos visto la diferencia entre la teología y la catequesis y la teología y el estudio de la religión desde las ciencias humanas o sociales, en este capítulo pasaremos a estudiar las características que constituyen una teología cristiana auténticamente católica, apostólica y romana. Nos enfocaremos en cuatro elementos o lugares teológicos (*loci theologici*), como los llamó el gran teólogo castellano del siglo XVI Melchor Cano, OP, que la teología católica romana emplea para entender el misterio de la fe. Estas cuatro características son: la Sagrada Escritura, *el magisterio* de la Iglesia, *la gran tradición* de la Iglesia, y *el sensus fidelium* o el sentido de la fe de todo el Pueblo de Dios, la Iglesia. Después de examinar cada uno de estos elementos y explicar cómo los emplean los teólogos católicos romanos, concluiremos el capítulo notando las diferencias y semejanzas entre la teología católica romana y otros tipos de teologías cristianas.

La Sagrada Escritura

La Biblia, con sus dos alianzas, hebrea y cristiana, forman la fuente principal de toda teología cristiana. Esto se debe a que las Sagradas Escrituras son consideradas palabra inspirada de Dios y a que son una crónica antiquísima de las relaciones de Dios con la humanidad. Esto no quiere decir que cada palabra en la Biblia fue transmitida directamente por Dios, sino que los significados o verdades de la salvación que se contienen en las Escrituras fueron inspiradas por Dios y por tanto son consideradas por la Iglesia como inerrantes o *infalible*, o sea, como fiel testimonio de lo que Dios desea comunicarnos acerca de la salvación.

Pero, como veremos más adelante, para captar ese mensaje de salvación hay que saber interpretar la Biblia, ya que ésta es al propio tiempo testimonio de fe y producto humano condicionado por la historia. El arte y la ciencia de la interpretación bíblica se llama *hermenéutica*. La Biblia está compuesta por diversos libros en los que encontramos una gran variedad de géneros literarios o tipos de expresión escrita. Por ejemplo, hay narraciones que se parecen a la narración histórica moderna, cantos, poesías románticas, oráculos, profecías, proverbios, narraciones apocalípticas o descripciones simbólicas del fin del mundo. Estos géneros expresan la verdad de diferentes maneras y por tanto no se pueden entender literalmente, sino que deben interpretarse según el tipo de narración que son.

También hay que tener en cuenta que el lenguaje va cambiando a lo largo de la historia. Puede que el significado de una palabra hoy no sea igual al significado de la misma palabra en su día. La Biblia no es ciencia, ni historia, sino es un testimonio cierto de las verdades de la fe que necesitamos para la salvación. Debe leerse atendiendo al significado original que sus autores quisieron comunicar y dentro de la comunidad de fe que es la Iglesia que le dio luz. De la comunidad creyente nació la Biblia y es la misma comunidad quien ha mantenido su verdadero sentido vivo a lo largo de los siglos en el culto y el credo. La fe de la Iglesia nos ayuda a situar un texto o una palabra de las Escrituras dentro de un marco de referencia más amplio que nos facilita la captación de las verdades de la salvación en toda su amplitud y riqueza.

Como veremos en los capítulos que tratan la historia de la teología, la palabra de Dios no siempre ha sido el corazón de la teología católica romana. En ciertas épocas, la Sagrada Escritura se utilizó de una manera subordinada en la teología católica romana. Sin embargo a partir de 1943 y la *Encíclica Divino Afflante Spiritu* del Papa Pío XII, el estudio de la palabra de Dios comenzó a recobrar su centralidad en la teología católica. Después de la renovación del Concilio Vaticano II (1962–1965), que en su Constitución *Dei Verbum* acerca de la revelación divina señaló que el estudio de la palabra de Dios debería ser el corazón de toda reflexión teológica, la palabra de Dios ha vuelto a jugar el papel central que le corresponde en la teología católica.

El magisterio de la Iglesia

El depósito de fe de la Iglesia está contenido en la Biblia así como en las enseñanzas oficiales de los líderes de la Iglesia o los obispos. Esta facultad oficial de los obispos se denomina *magisterio* y tiene su origen en la enseñanza que Jesús transmitió a sus apóstoles, la llamada *tradición apostólica*. Según el Señor, la tradición apostólica también disfruta de la ayuda del Espíritu Santo para no caer en errores dogmáticos o de fe.

El magisterio de la Iglesia se manifiesta especialmente en los decretos y credos (profesiones de fe) de los concilios de la Iglesia que de manera solemne proclaman los contenidos indispensables para el creyente o que corrigen desviaciones (*herejías*) del depósito de fe que llevan a la ruptura de la unidad de la Iglesia *(cismas)* Estas proclamaciones solemnes son consideradas infalibles y son llamadas *dogmas de la fe*. También incluyen las enseñanzas de los obispos que, aunque no son infalibles o dogmas de fe, se consideran doctrina oficial de la Iglesia y merecen cierto grado de adhesión o atención respetuosa de los creyentes, aunque menor del que se les debe a las dogmas de fe. Por ejemplo, las cartas pastorales de los obispos sobre diferentes temas actuales como la guerra, la economía, la liturgia, etc.

Dentro del colegio de los obispos, el obispo de Roma o el papa, ejerce un ministerio especial que cuida la unidad de la Iglesia, la llamada *primacía petrina*. El papa es llamado pastor universal de la Iglesia ya que es el custodio del bien de la Iglesia universal y la comunión de las iglesias locales, que llamamos diócesis o arquidiócesis. A partir de 1870, después del Concilio Vaticano I, los obispos reconocieron lo que ya venían ejerciendo los papas muchos siglos, es decir, su oficio extraordinario magisterial y proclamaron el dogma de la infalibilidad papal. Esto significa que, cuando el papa habla bajo ciertas circunstancias o *ex cátedra,* sus pronunciamientos relacionados con la fe y la moralidad son infalibles o libres de cualquier error doctrinal.

Los teólogos católicos romanos consideran las enseñanzas de los obispos, especialmente las definiciones solemnes de un concilio o del Papa, como fuente teológica de especial atención, ya que está ayudado por el Espíritu Santo. Aunque no se consideran inspirados por el Espíritu Santo como palabra de Dios, las más altas expresiones del magisterio eclesial disfrutan de tal ayuda del Espíritu Santo que no son susceptibles de errores doctrinales o acerca de la fe.

Esto no significa que el papel del teólogo en cuanto a los pronunciamientos del magisterio de la Iglesia se reduzca simplemente a resumir lo que dicen los obispos en sus documentos. Del mismo modo que la palabra de Dios requiere interpretación, los pronunciamientos del magisterio también la requieren. Esto es especialmente cierto en el caso de los documentos más antiguos, precisamente porque la distancia entre los tiempos en que fueron escritos y nuestros días podría haber cambiado el sentido de ciertas formulaciones que ahora requieren una interpretación y formulación más actualizada para su correcto entendimiento.

También le es preciso al teólogo atender al significado y peso del mensaje magisterial con el trasfondo del horizonte total de la fe. Esto quiere decir que el peso e interpretación que se da depende de cierta *jerarquía de verdades de la fe* y de la autoridad y significado del autor y el mensaje. Un pronunciamiento magistral acerca de la naturaleza de Jesucristo hecho en concilio ecuménico no es lo mismo que un pronunciamiento papal acerca de si tanto muchachos como muchachas pueden servir como acólitos o monaguillos en la liturgia. Ambas declaraciones se respetan, pero por su distinto significado y peso merecen una interpretación y grado de fidelidad diferente por parte del creyente.

Los teólogos podrían llegar a juicios divergentes acerca de ciertas formulaciones de fe hechas por el magisterio. Esta circunstancia se ha dado a lo largo de la historia de la Iglesia y cuando no ha peligrado la unidad de la Iglesia, ha servido para que, por la labor del teólogo, la fe de la Iglesia llegara a una expresión más completa de la revelación divina. Por ejemplo, muchas de las ideas más decisivas para el Concilio Vaticano II y los teólogos que las elaboraron, habían sido silenciados y condenados previamente por el Papa Pío XII. En fidelidad al magisterio supremo de la Iglesia estos teólogos supieron obedecer y esperar a un momento más oportuno para expresar de nuevo sus ideas.

Actualmente, el magisterio de la Iglesia reconoce que a veces se darán tensiones y desacuerdos entre teólogos y magisterio. Se reconoce que esta tensión puede ser creativa y no necesariamente negativa para la Iglesia, pero se advierte que las opiniones contrarias al magisterio de la Iglesia deberían expresarse con humildad y en ámbitos apropiados. Por ejemplo, se pueden proponer y debatir en revistas teológicas o conferencias teológicas profesionales. Las teorías algo dudosas no deben expresarse como lo que no son, es decir, como la fe de la Iglesia, y mucho menos se deben utilizar los medios de comunicación para abogar o presionar al magisterio a que cambie sus enseñanzas.

La gran tradición

Esta fuente de la teología católica abarca un amplio y variado abanico de contenidos. Incluye las diversas manifestaciones de expresión, vivencia y celebración de la fe que han adoptado los cristianos a lo largo de los siglos. La liturgia de la Iglesia, sea sacramental o no, es concretamente, un fecundo campo de esta variada y rica tradición. La teología ha reconocido desde muy temprano que *lex orandi lex credendi,* o sea, que la vida litúrgica o de oración de la Iglesia fielmente expresa el contenido de su fe. Por tanto la liturgia se convierte en un lugar teológico por excelencia. El principio que convierte a la historia de la Iglesia en fuente para la teología es la convicción de que Dios actúa en la historia y que prometió que su Espíritu guiaría a su Iglesia y que éste iba a permanecer con ella hasta el fin de los tiempos. Como se decía en referencia a la Biblia, esto no significa que todo lo que ha ocurrido en la historia de la Iglesia sea obra del Espíritu. Por tanto hay que saber discernir lo que verdaderamente manifiesta la voluntad divina para su pueblo y lo que no conviene.

Entre los fenómenos que los teólogos históricos y los historiadores de la Iglesia atienden en sus investigaciones se incluyen los siguientes: los escritos de los grandes Padres de la Iglesia de la Antigüedad y de grandes teólogos posteriores como San Anselmo, Santo Tomás de Aquino, San Buenaventura, etc., así como el arte y la música inspirados por la fe cristiana. La cultura cristiana, lo mismo que la naturaleza o la creación, puede convertirse en un campo fecundo de encuentro con la acción de Dios. Las esculturas y arquitectura de Miguel Ángel y Bernini, el arte Románico, Gótico y el Barroco Hispanoamericano, la saeta gitana y la polifonía renacentista, los santos tallados de madera de Nuevo México, y muchos más que nacen de culturas influenciadas por la fe cristiana pueden ser leídos o interpretados como testimonios de fe.

Pero no solamente lo que nace de una cultura explícitamente cristiana puede servir para la reflexión teológica. "Las semillas del Verbo," como las llamaba San Justino Mártir, se encuentran también en culturas paganas. Así los grandes teólogos de la primera evangelización latinoamericana como José de Acosta,

SJ, supieron discernir que, en lo más noble y humano de las culturas indígenas, operaba el Espíritu Santo antes de que el primer cristiano proclamase el nombre de Jesús en tierra americana.

El sensus fidelium

El *sensus fidelis* o sentido de la fe de los fieles ha sido reconocido, especialmente por el Concilio Vaticano II, como parte del depósito de la fe. En su forma histórica, la Iglesia ha denominado este sentido de los fieles o Pueblo de Dios (*sensus fidelium*) la Gran Tradición. En su forma contemporánea lo llamamos el sentido de los fieles o fe viva de los creyentes o de la Iglesia, Pueblo de Dios, Cuerpo de Cristo, y templo del Espíritu Santo. El sentido de la fe de la Iglesia es don y obra del Espíritu coordinada por el magisterio de la Iglesia.

La teología hispana estadounidense, entre otras teologías contextualizadas, y siguiendo la llamada de los papas a partir del pontificado del Papa Pablo VI, han visto en la religiosidad popular hispana una rica manifestación del *sensus fidelium*. Como veremos más adelante, estos teólogos y teólogas han empleado el catolicismo popular de los pueblos latinos como un punto de partida para elaborar una teología católica que le hable al corazón latino de los EE.UU.

Como todas las fuentes que hemos visto en este capítulo, la fe vivida de la Iglesia requiere interpretación y corre el riesgo de ser mal interpretada. Un peligro común de *leer los signos de los tiempos*, o sea otra manera de hablar del *sensus fidelium*, es caer en juicios de eventos y movimientos actuales que a primera vista parecen claras expresiones de la fe y de la acción del Espíritu Santo, pero que, con el paso del tiempo, se ven más claramente como fenómenos pasajeros e incluso contrarios a los valores del Reino. Para muchos cristianos en los años sesenta, por ejemplo, la revolución cubana tenía ese carácter, que con el paso del tiempo se ha reconocido como una dictadura brutal y fracasada. Por otra parte, el *sensus fidelium* no puede confundirse con encuestas sociológicas que pretenden expresar las creencias de la Iglesia y mucho menos han de utilizarse para presionar a los obispos a cambiar las doctrinas de la fe. Discernir el *sensus fidelium* requiere tiempo que se mide en décadas y no en semanas, meses o años. Y ese discernimiento siempre ha de hacerse atendiendo a los demás elementos de la teología católica que hemos descrito a lo largo de este capítulo.

El arte y el método de la teología

La teología es a la vez arte y método científico con sus reglas y procedimientos propios. Cada teólogo tiene su estilo y genio que combina las diferentes fuentes o elementos de la teología católica romana de tal manera que producen un nuevo texto original y creativo. Sin embargo, los teólogos tienen que atender a ciertos criterios racionales y profesionales de su campo de estudio que determinan la calidad y ortodoxia de su producción teológica. Por ejemplo, tanto el Siervo de Dios Juan Pablo II como el Santo Padre Benedicto XVI son grandes teólogos católicos, pero sus estilos personales y teológicos son marcadamente diferentes.

Juan Pablo II realizaba una reflexión teológica que atendía a las cuatro características que hemos identificado como elementos de la teología católica romana, pero que estaba muy influenciada por una filosofía personal existencialista, una corriente de pensamiento filosófico europeo del siglo XX. Por su parte, el Papa Benedicto XVI está más influenciado por el estilo mistagógico de los padres de la Iglesia, especialmente San Agustín, que prestan más atención a la palabra de Dios y sus varios sentidos para la vida espiritual y moral del creyente.

La teología de otras tradiciones cristianas

No todas las teologías cristianas emplean los mismos lugares teológicos que la teología católica romana considera en su reflexión racional acerca de la fe. Esto no quiere decir que esas otras teologías cristianas sean inferiores a la católica romana ya que de ellas se puede aprender mucho. Por ejemplo, el concepto de la Iglesia como comunión fue desarrollado por teólogos ortodoxos y Martin Lutero tiene una bella y profunda reflexión acerca de la teología de la Cruz. No obstante, es importante reconocer que no toda producción teológica puede llamarse católica, apostólica y romana.

Al igual que la teología romana católica, la teología ortodoxa, o de las iglesias católicas orientales que no están en comunión con el santo padre, atienden a la sagrada escritura, el magisterio de la Iglesia y la gran tradición en su elaboración teológica. Sin embargo, los teólogos ortodoxos no suelen prestarle la misma atención al *sensus fidelium* o a las enseñanzas *ex cátedra* del Santo Padre que le prestan los teólogos católicos romanos.

La teología protestante es amplia y variada, como veremos más adelante. Los teólogos protestantes reformadores liberales o de las llamadas iglesias históricas que nacen en el siglo XVI durante la reforma protestante, suelen enfatizar la Biblia y el *sensus fidelium* en sus reflexiones teológicas. Algunos también atienden a la riqueza de la gran tradición y del magisterio de la Iglesia, ya sea de sus propias tradiciones protestantes o la enseñanza de los siete grande concilios de la antigüedad y de los padres de la Iglesia. Sin embargo, no le conceden peso o autoridad al magisterio ordinario de la Iglesia contemporánea o a las definiciones solemnes de los papas.

Para los teólogos evangélicos o protestantes conservadores, la fuente privilegiada y única de la teología es la Sagrada Escritura. En el caso de los pentecostales, la Sagrada Escritura también tiene un sitio primordial en su reflexión teológica, pero la acción del Espíritu Santo en la Iglesia hoy se convierte en fuente de reflexión teológica. Por tanto, podríamos decir que, en cierto modo, toman en cuenta el aporte del *sensus fidelium* en su reflexión.

Conclusión

La teología católica romana se distingue por su estilo encarnado y *analógico*. Es una reflexión lógica acerca del Verbo que se hizo carne por nosotros en Jesucristo, que considera como base y fundamento de su estudio toda la creación porque la estima sagrada y la ve como reflejo del Dios Creador. No sólo la palabra de Dios y la tradición apostólica forman parte de la materia prima de su actividad intelectual, sino también la historia y sus productos: la cultura, el arte, la música, el pensamiento. Y también le interesa la vida eclesial contemporánea que sigue recibiendo el auxilio del Espíritu Santo.

Al contemplar la realidad imbuida del Dios que la creó y la sostiene, la teología católica busca hablar de Dios a través no solamente de su Palabra por excelencia, Jesucristo, sino de todo tipo de realidad creada que manifiesta al Creador. Está claro que ésta es una palabra analógica acerca de Dios Padre, Hijo y Espíritu Santo, o sea, una palabra que a la vez habla de Dios y reconoce que Dios supera todo lo que nuestras limitadas y humildes palabras podrían decir acerca de Aquel que es a la vez cercano a nosotros y totalmente otro.

Para reflexionar y comentar

1. ¿Cuáles son las fuentes o características principales de la teología católica? ¿Puedes explicar cada una brevemente en tus propias palabras?

2. ¿Qué fuentes o características teológicas emplean en común todas las teologías cristianas y porqué?

3. ¿Qué fuentes o características teológicas empleadas por la teología católica romana son rechazadas por otros grupos cristianos y porqué?

4. ¿Tienes alguna experiencia de leer otras teologías cristianas? ¿Cuáles fueron tus impresiones de éstas? ¿Qué puntos positivos encontraste en ellas?

3

LAS RAMAS DE LA TEOLOGÍA

Introducción

En el capítulo anterior examinábamos las características de la teología católica. Se trata de elementos esenciales que toda teología que desee estar en comunión con la Iglesia debe incorporar de una manera u otra. Ahora cambiamos este enfoque sistemático y volvemos nuestra mirada a las diferentes especializaciones dentro de la teología. Podríamos decir que en este capítulo asumimos una perspectiva metodológica enfocando las diferentes ramas que crecen en el árbol teológico según los diferentes métodos de análisis y materias que se estudian. Comenzamos con el estudio de la Biblia y concluimos con el derecho canónico, pasando por la teología dogmática o sistemática, la historia de la Iglesia, la teología moral, la espiritualidad y la teología pastoral o práctica.

Los estudios bíblicos

El estudio de la Biblia tiene diversas sub-especializaciones. En general estas áreas de especialización podrían agruparse en dos grandes divisiones: lenguas, geografía y arqueología antigua del Oriente medio y e*xégesis*. O sea, los medios necesarios para entender el texto bíblico y su entorno y la interpretación de esos textos. El estudio de las lenguas, geografía y arqueología antigua que dieron luz a los textos bíblicos es un proceso largo y tendido que requiere años de preparación y estudio de lenguas y culturas que ya no existen. El fin de estos estudios es prepararse para poder apreciar el medio, la lengua y cultura, que los autores antiguos utilizaron para comunicar el mensaje de Dios. Entre las lenguas y culturas que los biblistas estudian para mejor comprender el texto bíblico podrían señalarse las siguientes: griego, hebreo, árabe, caldeo, arameo y asirio. Su fin es recoger el significado histórico de la Biblia, o sea el significado que querían comunicar sus autores. Este significado también es llamado el sentido literal o histórico del texto. Hay que clarificar, que esto no quiere decir que los biblistas sean fundamentalistas. Lo que hacen es buscar el significado de los autores del texto y esto no se debe confundir con el significado literal de las palabras contenidas en el texto.

En su estudio del texto sagrado, el teólogo bíblico utiliza una serie de métodos literarios e históricos en su investigación. Entre estos métodos destaca el análisis histórico, la crítica de formas o géneros, la crítica literaria, la crítica de redacción, y el análisis de las fuentes. Esta manera de estudiar la Sagrada Escritura a veces se llama *estudio diacrónico* porque analiza las diferentes fases y elementos que contribuyeron a la redacción del texto bíblico según lo tenemos hoy. El estudio diacrónico se distingue del *estudio sincrónico* que enfoca su estudio en la teología o estilo literario de un libro bíblico o de varios en conjunto.

La historia de la Iglesia

Esta rama de la teología estudia el desarrollo de la fe de la Iglesia y su tradición teológica a lo largo de la historia. Es importante para recordarnos la riqueza de nuestra tradición cristiana y las muchas maneras en que nuestros antepasados han expresado la fe. También es útil para entender cómo hemos llegado a la actual formulación de nuestra fe.

La historia de la Iglesia como rama de la teología es distinta de la teología histórica. La teología histórica estudia los escritos teológicos de grandes figuras del pasado para entenderlos en su contexto y aplicarlos a cuestiones contemporáneas, mientras que la historia de la Iglesia nos ofrece los hechos como ocurrieron. Por tanto la teología histórica requiere un acto de interpretación teológica para el presente que va más allá que la reconstrucción histórica del pasado. Se puede considerar al Santo Padre Benedicto XVI como teólogo histórico en tanto que dos de sus principales obras antes de ser elevado al episcopado trataban de la interpretación del pensamiento de San Agustín y de San Buenaventura a la luz de nuestros días.

La teología sistemática o dogmática

La teología sistemática busca entender las enseñanzas fundamentales de nuestra fe y cómo éstas se relacionan unas con otras. La teología sistemática trata de comprender los misterios religiosos afirmados por los dogmas de nuestra fe. Entre las varias ramas de la teología sistemática tenemos *la teología trinitaria* o de Dios, *la eclesiología* o teología de la Iglesia, *la cristología*, *la teología sacramental*, *la teología antropológica* o del ser humano, y la *soteriología* o la teología de la salvación.

Las varias ramas de la sistemática investigan las fuentes de la teología católica que vimos anteriormente, es decir, la Biblia, el Magisterio, la Tradición y el *sensus fidelium* y formulan interpretaciones de los misterios de la fe allí contenidos para el creyente y desde el contexto moderno en el que vive. Este último paso del teólogo es a veces llamado una *correlación teológica* entre el contenido cristiano y el contexto o creyente moderno. Se trata de un proceso mutuo de interpelaciones entre las necesidades e interrogantes del creyente moderno sobre el cristianismo y también entre el desafío que le da la fe al mundo y al creyente contemporáneo.

La teología moral y la doctrina social de la Iglesia

Cuando los filósofos piensan sobre la ética o la moral señalan dos enfoques generales complementarios para analizar lo que es la moralidad: la ética de ser y la ética de hacer. La ética de ser se preocupa por el tipo de persona que uno debe de ser. Por tanto, importa mucho la reflexión sobre el carácter o integridad moral de la persona y la promoción de las virtudes en la vida del sujeto moral. La ética de hacer se preocupa por las acciones morales y por la toma de decisiones morales. Aquí importa mucho la formación de la conciencia del sujeto moral: ¿Qué debo hacer? ¿Qué criterios debo utilizar para juzgar mis acciones? Ambos enfoques forman parte de la tradición católica.

La teología moral y la doctrina social de la Iglesia se centran en elucidar los principios y valores que fundamentan la vida moral del creyente y las acciones y conductas que no le son apropiadas. Le interesa tanto la moralidad personal como la moralidad social, e intenta responder a la pregunta: ¿En qué consiste una acción moral, tanto en la esfera privada como en la pública? ¿Y cómo han de informar las fuentes de la fe y de la teología a estas acciones?

La teología moral contemporánea tuvo su génesis en los manuales utilizados por los confesores que presentaban diferentes casos o cuestiones que se escuchaban en la celebración del sacramento de la reconciliación. A medida que los teólogos, cuya gran mayoría estaba constituida por confesores, reflexionaron acerca de estos casos, se fue desarrollando una metodología sofisticada para bregar con casos de conciencia y otros temas morales. El fundador de los Padres Redemptoristas, San Alfonso María Liguori, contribuyó significativamente a este campo con la publicación en el siglo XVIII de su libro *Teología Moral*. En su enfoque de moral, e informado por su vasta experiencia pastoral, San Alfonso, que también era un gran maestro espiritual, promovió el equilibrio entre el rigor y la laxitud en cuestiones morales. En particular San Alfonso enfatizó una moral centrada en la compasión del evangelio y ayudada por la oración.

El núcleo básico de la identidad de todo cristiano es su fe en Jesús. La dirección moral general de la vida de los bautizados fue formulada por el teólogo moral redentorista Bernard Haäring en términos de una opción fundamental. Según esta teoría, la base esencial de la vida en Cristo se expresa por medio de los conceptos de "alianza nueva" y "corazón nuevo." Los evangelios afirman que Dios le ha ofrecido a toda la humanidad una nueva alianza en Jesucristo. Toda persona puede convertirse en cristiano o cristiana si colabora con la gracia de Dios y pone su corazón donde debe, es decir, haciendo una entrega total de sí mismo a Dios. La opción fundamental es la colaboración con la gracia en ese acto de fe que compromete al corazón de cada persona con la alianza nueva que Dios nos ofrece en Jesucristo.

Esta opción fundamental no es una selección de un momento que uno hace de una vez para siempre. Se trata de una opción que le da orientación básica a la vida de uno. Se puede expresar en términos bíblicos y decir que la opción fundamental está en el corazón de cada persona, o sea el centro de su vida, su tesoro. La opción fundamental no es una sola acción de la persona sino la dirección general de las muchas decisiones o acciones diferentes y a veces opuestas que constituyen toda la vida de una persona. Es una dirección general libremente elegida por cada persona y no puede ser decidida por otros.

Por tanto la opción fundamental de la persona es el telón de fondo sobre cual se pueden ver y juzgar los actos individuales que forman la vida de todo cristiano. La opción fundamental de fe en Dios invoca el amor de Dios y el amor del prójimo. Este doble amor es una norma básica para juzgar y orientar las diferentes acciones particulares del cristiano. Esta norma nos ayuda a desarrollar la sensibilidad para una vida auténtica en el Señor o, dicho de otra manera, nos ayuda a desarrollar la consciencia de lo que nos aleja de nuestra opción fundamental y nos lleva al pecado.

La vida moral no es solamente personal sino que también tiene un aspecto social ya que vivimos en comunidad. La enseñanza católica que atiende a este aspecto social de la moral se llama doctrina social de la Iglesia. La doctrina social de la Iglesia moderna tiene sus orígenes en la encíclica del Papa

León XIII, *Rerum Novarum* (1891). Se escribió esta carta en un momento de gran pobreza y explotación entre los obreros de Europa y Norteamérica.

La encíclica analizaba la situación de los obreros y los pobres en las sociedades industrializadas y desarrollaba una serie de principios orientadores de la respuesta de la sociedad a estos sectores. Se ponía de manifiesto la importancia de la colaboración de la Iglesia, los obreros, los patrones, y las autoridades civiles en la construcción de una sociedad justa. Pero el papel principal en la solución de los problemas de los trabajadores se otorgaba a los patrones. Ellos son los agentes de cambio.

A lo largo del siglo XX y hasta nuestros días en la encíclica de Benedicto XVI, *Deus caritas est*, la Santa Sede ha ido desarrollando la doctrina social de la Iglesia para responder a nuevas circunstancias y retos. Se pueden identificar una serie de principios básicos que forman parte del núcleo de esa enseñanza social. El modelo preferido es el de una sociedad democrática, humanista, preocupada por la interdependencia internacional y a favor de los pobres. Se considera la promoción de la justicia social como constitutiva de la misión evangelizadora de la Iglesia que ve a los pobres como los agentes de cambio preferidos. La metodología de la doctrina social de la Iglesia lee tanto las Sagradas Escrituras como la ley natural de una manera moderada tomando en cuenta la conciencia histórica y *la contextualización*, es decir, el momento y contexto en que se aplica. Los documentos magistrales acerca de la sociedad han sido críticos tanto del socialismo como del capitalismo y, en nuestros días, de una globalización que prescinde de la conciencia moral.

La espiritualidad

El estudio de la espiritualidad se enfoca en la experiencia religiosa, especialmente de los grandes místicos y místicas o fundadores de familias religiosas como los Benedictinos, Franciscanos, Jesuitas, Dominicos, etc. Por medio de la lectura de las obras, correspondencia o biografías de estas personas, el teólogo de la espiritualidad trata de entender su experiencia de gracia y la manera en que ésta ilumina diversos temas teológicos como su imagen de Dios, la oración, la vida en el Espíritu, el discernimiento, etc.

El acompañamiento espiritual se centra en la acción de Dios en la vida del creyente ampliamente entendida, es decir, no solamente en la oración.

Un interés particularmente importante de la espiritualidad es el arte del acompañamiento o la dirección espiritual. El acompañamiento espiritual se centra en la acción de Dios en la vida del creyente ampliamente entendida, es decir, no solamente en la oración. La espiritualidad estudia las diversas maneras de acompañamiento espiritual que se han dado en la historia del cristianismo y su práctica actual en toda su complejidad. La dirección espiritual o acompañamiento espiritual se distingue de la conversación espiritual y de la consejería pastoral que se centran o bien en algún tema espiritual teórico o en algún problema personal o comunitario del creyente y no en la acción y experiencia de Dios en la vida de éste o ésta.

La teología pastoral

Toda teología que merezca su nombre es pastoral, en el sentido de que parte de la fe de la Iglesia, se nutre de ella y a la vez nutre esa fe con una reflexión racional que presenta su contenido de nuevas maneras y con nuevas conexiones. Sin embargo, la teología pastoral propiamente dicha es la reflexión acerca de la fe que se centra más directamente en la vida cristiana y sus prácticas. Le interesa como transmitir el mensaje cristiano a creyentes y no creyentes de la manera más eficaz posible. Por tanto, tiene una intención evangelizadora más pronunciada que la teología dogmática o sistemática cuyo énfasis es la inteligibilidad de la fe como tal. La teología pastoral se centra en la homilética o predicación, la educación religiosa o catequesis, la evangelización, la orientación o dirección espiritual, la liturgia, la espiritualidad, etc.

Quizás el teólogo pastoral más importante de la historia fue San Pablo. Pablo no era escritor ni teólogo profesional. Pablo era un apóstol convencido de que Dios lo enviaba como misionero a establecer iglesias o comunidades cristianas. Su mensaje principal era el evangelio o buena noticia de Dios acerca de Jesucristo, especialmente el *Misterio Pascual* o la vida, muerte y resurrección de Jesús y sus bendiciones para la humanidad. Las siete cartas auténticas de Pablo, con la excepción de la Carta a los Romanos, están dirigidas a comunidades fundadas por él. Fueron escritas entre el comienzo de los 50 y el final de éstos y el comienzo de los 60 D.C. Estas cartas tenían el fin de ser un instrumento pastoral para mantenerse en contacto con las comunidades y responder a las diferentes preguntas y problemas que iban surgiendo. A veces no conocemos con absoluta claridad la naturaleza de esos dilemas pastorales por las respuestas de Pablo en sus cartas. Pero sí que podemos describir el estilo teológico de Pablo como pastoralista, o sea, una extensión de su ministerio misionero a esas comunidades.

En las comunidades protestantes la teología pastoral también se conoce como teología práctica. Para muchas confesiones protestantes, la teología práctica es idéntica a la consejería pastoral. O sea, se trata de técnicas y teorías psicológicas, compatibles con el Evangelio, aplicadas a diferentes problemas personales y comunitarios a los que se enfrentan los feligreses o comunidades cristianas. Parte de las destrezas adquiridas por consejeros o consejeras pastorales incluyen consejería familiar o de parejas, y dinámicas de grupos.

La teología pastoral pone énfasis en la experiencia, tanto personal como comunitaria, como fuente privilegiada de reflexión teológica. La experiencia se convierte en un campo propicio para leer "los signos de los tiempos." Esto quiere decir que siguiendo el ejemplo del propio Jesús (Mt 16:2–4), y convencidos que Dios a través del Espíritu Santo sigue obrando en el mundo para hacer presente su Reino, discernimos los signos, señales y manifestaciones de la presencia de Dios, tanto en nuestras experiencias como en las de la sociedad en que vivimos.

Este discernimiento viene acompañado por la correlación entre la experiencia y las fuentes clásicas y normativas del depósito de fe, o sea, la palabra de Dios y la tradición apostólica. También incluye la iluminación de nuestra experiencia a la luz de la doctrina de la Iglesia transmitida por su magisterio y el rico y amplio abanico de escritos, arte, liturgia, etc que constituyen la Gran Tradición de la Iglesia. Tal correlación entre la experiencia y las fuentes clásicas de la teología se denomina reflexión teológica. Ésta se distingue de la teología sistemática o dogmática aunque depende de ella y busca ser un ejercicio no para profesionales académicos sino para todo creyente que trata de entender la realidad a la luz de la fe. En el mundo católico este proceso se conoce como el *círculo pastoral*.

El círculo pastoral tiene sus raíces en la metodología ver-juzgar-actuar de la Juventud Obrera Católica de la Bélgica de los años antes de la segunda guerra mundial, pero fue ampliado por los teólogos latinoamericanos de la liberación en la segunda mitad del siglo XX. Los momentos de este círculo pastoral incluyen la inserción o compromiso con la realidad pastoral, la escucha e identificacíon del problema pastoral por resolver, análisis social de la realidad, reflexión teológica, planificación pastoral, ejecución y, por último, evaluación de la pastoral ejecutada.

El derecho canónico

Por último, el derecho canónico o ley eclesiástica o de la Iglesia es una importante rama de la teología que rige el funcionamiento de las diferentes personas, estructuras y ritos de la Iglesia. No es sólo la Iglesia Católica quien tiene tal cuerpo de normas, sino que casi todas las iglesias y comunidades eclesiales con estructuras permanentes tienen un código de reglas y protocolos para ordenar y regir su vida comunitaria, aunque a veces no llame derecho canónico a tal cuerpo de leyes. El abogado canónico estudia el *Código de Derecho Canónico* o libro de 1,752 cánones o reglas, su interpretación, historia y aplicación. También comprende los procedimientos legislativos, derechos, obligaciones y estructuras que gobiernan la Iglesia.

La Iglesia Católica tiene el sistema legal vigente más antiguo en Occidente. Su origen data de las regulaciones comunes o cánones acordados por los apóstoles en su concilio del primer siglo, el llamado Concilio de Jerusalén (He 15) en la que se trató de decidir si la ley de Moisés se debía aplicar a los nuevos cristianos no judíos o gentiles. A lo largo de los siglos estas primeras decisiones legislativas de los apóstoles en Jerusalén fueron elaborándose a través de la actividad legislativa de concilios y sínodos de obispos, incorporando elementos de la ley divina, la ley natural y la ley positiva de diferentes culturas y tiempos.

Los obispos de Roma o papas jugaron un papel importante en el desarrollo del derecho canónico debido a la autoridad que otras iglesias le otorgaban a las decisiones de los sucesores de Pedro y Pablo en Roma y a la extensa actividad notarial de la Curia Romana en sus recopilaciones de decisiones legislativas que pasaban a ser decretos y que se llamaron decretales. Una de las primeras colecciones de estos decretales fue la intitulada *Decretum,* del monje Gracián del siglo XI. En nuestros tiempos los Papas han promulgado nuevos códigos de Derecho Canónico en 1917 y 1983.

Conclusión

El campo de la teología es tan extenso y variado como la Iglesia a la que busca servir y como el misterio de Dios que intenta entender. Tanta variedad de contenidos necesariamente lleva a cierta especialización en la teología. Los conocimientos necesarios para ser exégeta profesional, teólogo sistemático, consejero pastoral o abogado canónico requieren largos años de estudio con expertos en las materias correspondientes en facultades universitarias especializadas. No obstante, la reflexión teológica y el uso del círculo pastoral admiten que no sean sólo los expertos académicos quienes puedan discernir los signos de los tiempos a imitación o recomendación de Jesús en la experiencia personal y comunitaria.

Para reflexionar y comentar

1. ¿Por qué hay tantas ramas o especializaciones en la teología? ¿Cómo se llaman estas ramas? ¿Cuál de estas ramas te puede ser más útil para tu ministerio y porqué?
2. ¿Qué elementos comunes tienen las diversas ramas o especializaciones de la teología?
3. ¿Qué significa el estudio sincrónico de la Biblia?
4. ¿Qué significa el estudio diacrónico de la Biblia?
5. ¿Qué es el círculo pastoral? ¿Cómo podría servirte el círculo pastoral en tu labor pastoral?

4

UNA BREVE HISTORIA DE LA TEOLOGÍA

Introducción

Desde los primeros tiempos del cristianismo, los cristianos han meditado acerca del significado y verdad de Jesucristo, a igual que sus antepasados, los judíos reflexionaron acerca de la manera en que Dios actuó en su historia, los constituyó como pueblo, los liberó de la esclavitud de Egipto y estableció múltiples alianzas con ellos a pesar de sus infidelidades. Esta rica historia de pensamiento y oración han producido una larga letanía de enfoques teológicos que tratan de entender a Dios a la luz de la razón y desde el contexto de la cultura y circunstancias de diferentes tiempos. La historia de la teología cristiana es larga y compleja y continúa hasta nuestros tiempos.

En este capítulo presentamos un muy breve resumen de diversos movimientos teológicos de esa historia desde las Sagradas Escrituras hasta el Concilio Vaticano II. No se pretende agotar toda la riqueza de la historia teológica, sino simplemente presentar un aperitivo teológico del banquete intelectual que ha generado la fe cristiana a lo largo de los últimos dos mil años. Esta óptica histórica nos ayuda a apreciar tanto la profundidad del misterio que es Dios que a lo largo de los siglos ha generado un pensamiento tan variado y sutil, como el gran mosaico de reflexión desde diversos tiempos, culturas y movimientos intelectuales que es la teología cristiana.

La Biblia

Existe una gran variedad de géneros literarios y teológicos en las Sagradas Escrituras: cartas de denuncia, de exhortación, de persuasión, el evangelio y los evangelios, literatura apocalíptica, crónica histórica de fe, etc. La teología bíblica se destaca por su enfoque narrativo y literario. Abundan los símbolos e imágenes literarias para transmitir la acción de Dios en la historia y especialmente en la persona de Jesús.

Pero, ¿No son las Escrituras palabras inspiradas de Dios? ¿No es la Biblia la revelación de Dios? ¿Por qué llamarla teología? Vale la pena aquí aclarar lo que la Iglesia entiende por *Revelación* y cómo está relacionado con las palabras de Dios que encontramos en las Escrituras y que la Iglesia considera inspiradas del Espíritu Santo. En nuestros tiempos los obispos de todo el mundo reunidos en el Concilio Vaticano II promulgaron la Constitución Dogmática sobre la Divina Revelación, conocida popularmente por las primeras dos palabras del documento en latín, *Dei Verbum*. Este importante documento es una síntesis de las corrientes teológicas de los siglos XIX y XX. Sus autores principales fueron los entonces eminentes teólogos y *periti* o asesores teológicos de los obispos alemanes del concilio, los sacerdotes Karl Rahner, SJ (1904–1984) y Joseph Ratzinger, el actual Santo Padre Benedicto XVI.

Dei Verbum proclama que Dios se revela a sí mismo y no conceptos abstractos. Es decir, se comunica a sí mismo a través de la gracia. Percibimos su presencia a través de diferentes mediaciones creadas. La revelación resplandeciente de Dios, la fuente de toda revelación, es Cristo quien es mediador y fuente de la revelación de Dios. Aunque Dios se ha revelado en la naturaleza y en la historia de Israel de una manera verdadera, o sea, válida pero incompleta, es Cristo quien es la Revelación plena de Dios. Nuestro Señor se reveló por medio de palabras, obras, signos, milagros y especialmente en el misterio pascual de su Pasión, Muerte y Resurrección. Dios también se ha revelado a través del envío de su Espíritu. El contenido de esta revelación es que Dios está con nosotros para librarnos del pecado y resucitarnos para la vida eterna. A Dios y a su revelación se le debe la obediencia de la fe para la cual es necesaria la gracia de Dios. Sin embargo, los padres conciliares, como se llamaba a los obispos que participaron en el Concilio Vaticano II, mantienen que es posible—aunque difícil—conocer a Dios con la luz natural de la razón y seguir sus mandamientos.

Las Sagradas Escrituras tienen su origen en el encargo de Jesús a los apóstoles de ir y predicar la Buena Nueva a todos los pueblos. Esa predicación apostólica fue posteriormente escrita junto con la misión primera recibida de Jesús que fue encomendada por los apóstoles a sus sucesores, los obispos. La enseñanza de los sucesores de los apóstoles, que son los obispos, o el magisterio oficial de la Iglesia, es el cuerpo de doctrina conocido como la tradición apostólica, el testimonio escrito de los apóstoles y sus discípulos. Las Sagradas Escrituras son como un espejo en el que la Iglesia contempla a la Revelación de Dios, Jesucristo. Es importante notar que

Dei Verbum ya no habla de las dos fuentes de revelación. La única Revelación plena de Dios es Cristo, y la Tradición y la Biblia dan testimonio de Él.

La revelación e inspiración bíblica

Aunque Cristo ya es la revelación plena de Dios, Él continúa hablándole al mundo a través de la Iglesia y del Espíritu Santo. Esto no es una contradicción. La comunicación de Dios es posible sin contradecir la revelación suprema en Cristo. Esto es posible por lo que en la teología se llama el *desarrollo de la doctrina*. Es decir, la tradición apostólica mantenida por el magisterio oficial de los obispos progresa con la asistencia del Espíritu Santo hacia una mayor comprensión de la Revelación en Cristo. Esto ocurre especialmente gracias a la labor de los teólogos que, a través del estudio y la investigación, llegan a una mayor comprensión de la fe que han recibido. Un ejemplo de este proceso fue el establecimiento del canon o libros aprobados que forman las Sagradas Escrituras.

Las escrituras judías o el Antiguo Testamento tienen valor perenne porque preparan la salvación humana al anunciar la venida del Mesías. Aunque los libros del Antiguo Testamento contienen elementos imperfectos y transitorios, demuestran, sin embargo, la pedagogía de Dios y deben ser recibidos con veneración. Los evangelios, sin ser historia, se refieren fielmente a la vida, las obras y la doctrina de Cristo, que los Apóstoles, iluminados por el Espíritu Santo, transmitieron a sus oyentes. Los evangelistas escribieron, escogiendo algunas de las cosas transmitidas de viva voz o por escrito, con la intención de hacernos conocer la verdad de todo lo que es necesario para nuestra salvación. Esto quiere decir que no todo ni en el Antiguo ni en el Nuevo Testamento puede considerarse históricamente confiable y por tanto las escrituras deben ser interpretadas cuidadosamente. Esta manera de entender la Biblia es una de las grandes diferencias entre los católicos y algunos evangélicos y pentecostales que creen que toda palabra de la Biblia es inerrante e inspirada por Dios. Esa manera de entender que la Biblia es la palabra de Dios también se conoce como fundamentalismo bíblico. Los católicos creen en la inspiración divina de la palabra de Dios pero no son fundamentalistas.

¿Entonces fue la Biblia inspirada por el Espíritu Santo o no? ¿Podemos confiar que la palabra de Dios es cierta y verdadera? Sí, podemos confiar en la verdad de la palabra de Dios. La Biblia nos transmite las verdades necesarias para salvarnos. Sin embargo Dios empleó a seres humanos y su creatividad para comunicar y escribir esas verdades de salvación. Por tanto, tenemos que relacionar a la vez la influencia de Dios en los autores humanos de las escrituras, la inspiración, y su creatividad y libertad humana; creatividad y libertad que se reflejan en lo que escribieron desde sus tiempos y contextos.

El concepto teológico de *la analogía de la fe* nos ayuda a entender cómo la Biblia es a la vez inspiración del Espíritu Santo y obra de seres humanos limitados. La fe de la Iglesia es un conjunto de verdades coherentes y relacionadas una con otra. La fe no es una serie de conceptos, frases o enseñanzas sin relación entre sí. Esas verdades relacionadas se iluminan mutuamente y desde el marco de la totalidad de verdades que constituye la fe. No todas las verdades son de igual importancia para nuestra salvación, o sea que se debe observar una *jerarquía de verdades* en la fe cuando se trata de comprender su importancia y significado.

Por ejemplo, el libro del Génesis nos habla de la creación

en varios relatos diferentes. La verdad de esos relatos para nuestra salvación no es la información acerca de cuántos días tomó el proceso de creación, sino que la creación es buena; que la creación es de Dios y que Dios la aprueba para el bien de todos los seres creados. El modo en que los autores del libro de Génesis narran esas verdades de salvación emplea categorías como los seis días de la creación, lo cual refleja un entendimiento no científico que corresponde a los tiempos y la cultura de esos autores. Sin embargo la verdad salvífica de los relatos de la creación del Génesis sigue teniendo importancia y sentido para los seres humanos que conocen la ciencia y no pueden aceptar que todo lo que existe fue creado en seis días o ciento cuarenta y cuatro horas solamente. Esa verdad es que un ser como ningún otro, Dios, creó lo que existe y lo hizo por amor.

La inspiración de Dios a través de su Espíritu fue la iluminación divina que permitió que los autores del Génesis juzgaran cuáles de las explicaciones que conocían acerca de la creación estaban en sintonía con la voluntad de Dios sobre la misma. O sea la verdad salvífica que Dios quería comunicarle a los seres humanos sobre esta importante faceta de su existencia. La inspiración es un proceso que involucra a toda una comunidad que ha recibido y guarda a través de su cultura y tradiciones la iluminación divina y no solamente una iluminación de personas individuales. Aunque Dios inspira a personas concretas como testifican las Sagradas Escrituras, estas personas crecieron y se formaron en una comunidad de fe que recibió y transmitió lo que ella consideró como intuiciones y conocimientos verdaderos que provienen de Dios.

La inspiración de la palabra de Dios va más allá del significado literal de sus autores humanos y también comprende el significado profundo del autor divino que quizás los autores humanos no comprendieran totalmente. Este significado profundo o sentido pleno de la palabra de Dios es conocido como el *sensus plenior*. Los católicos llegan a alcanzar ese sentido más profundo de la palabra de Dios a través de la relación entre las Sagradas Escrituras y Jesucristo, la Iglesia y su vida a través de los siglos, o sea, leyendo la Biblia a la luz de la tradición que la produjo y que la ha transmitido y protegido a lo largo de los siglos y hasta nuestros tiempos.

La patrística

La patrística o Patrología se refiere a la teología de los grandes padres de la Iglesia de la antigüedad, o sea aproximadamente desde el año 100 D.C. hasta el siglo VIII. Hay cientos de teólogos y algunas teólogas que podrían nombrarse como ejemplos de la patrística. Entre los más famosos se destacan San Agustín, San Atanasio, San Basilio el Grande, San Cipriano, San Ambrosio, San Gregorio Magno, San Cirilo de Alejandría, Tertuliano, y Orígenes. Debido a que la patrística cubre cientos de años, este período suele dividirse entre los padres pre-nicenos, o sea los teólogos que vivieron antes del Concilio de Nicea de 325 D.C., y los padres post-nicenos, aquellos que vivieron después del 325 D.C. También suele distinguirse entre los padres griegos y los padres latinos, o sea los que escribieron en latín y los que escribieron en griego. Muchos de estos grandes teólogos fueron santos y obispos.

Su teología se destaca por sus intereses pastorales como líderes de sus rebaños. Generalmente se basan en una lectura alegórica de las Sagradas Escrituras. Esto quiere decir que refieren objetos, personas y eventos de la página sacra a significados fuera del texto sagrado, frecuentemente con referencias cristológicas. Por ejemplo, identifican los tres días que el profeta Jonás pasó en el vientre de la ballena con los tres días de Jesucristo en la tumba antes de su Resurrección. Un género literario que los antiguos padres de la Iglesia emplean muy a menudo es la homilía, aunque no faltan textos más especulativos e incluso históricos. La homilía en particular era especialmente apropiada para transmitir sus ideas porque reflexionaba acerca de la palabra de Dios para sus congregaciones y empleaba lenguaje parenético o exhortativo para combatir falsas ideas y mover a la congregación a una vida cristiana más coherente. Quizás la contribución más importante de la patrística a la Iglesia fuera la de las definiciones dogmáticas, expresadas en los credos o profesiones de fe que nacieron de los siete concilios ecuménicos entre los siglos IV a VIII.

Durante este tiempo la Iglesia se vio sacudida por diversos movimientos heréticos que obligaron a los teólogos patrísticos, muchos de ellos obispos, a cuidar de sus rebaños y combatir, mediante sermones y ensayos que defendían la fe apostólica, la desunión y falsas doctrinas que asediaban a sus comunidades. Esa labor apologética o de defensa de la fe llega a su cima en los concilios ecuménicos de este tiempo. Los concilios debatieron las falsas opiniones que acosaban a la Iglesia en ese momento y formularon respuestas teológicas utilizando un nuevo lenguaje basado en la filosofía *metafísica* griega de aquel entonces para defender y expresar de manera precisa la fe recibida de los apóstoles.

Por ejemplo, la creencia apostólica en que Jesús es el Señor, título que para el mundo judío lo identificaba con Dios por ser una apelación que sólo se le otorgaba a la divinidad, se expresa en la famosa fórmula del Concilio de Calcedonia (325 D.C.) diciendo que Jesús es consubstancial (*homoousious*) con el Padre. Se trata de un nuevo lenguaje ya no bíblico, sino filosófico griego, y por tanto más preciso, que significa lo mismo que proclaman las Escrituras al afirmar que Jesucristo es el Señor y el Hijo de Dios. De esta manera las dudas que ciertos cristianos, llamados Arios, tenían acerca de la divinidad de Jesús quedan clarificadas y precisadas. Al afirmarse que Jesús es consubstancial al Padre o de la misma naturaleza que Dios Padre, no cabe duda de que Él es más que un simple ser humano sumamente inspirado y privilegiado por Dios. Afirmada y precisada la identidad divina de Jesús, otros concilios tendrán que explicar cómo la humanidad de Jesús no queda ahogada por su divinidad utilizando también nuevos términos teológicos apropiados de la filosofía metafísica griega.

El escolasticismo

La expresión suprema del escolasticismo se da durante el siglo XIII de la Edad Media en el contexto de las primeras universidades. Las universidades fueron fundadas por la Iglesia en ciudades importantes de la época y nacieron de sus precursores, las escuelas de los grandes monasterios de la antigüedad tardía. La escolástica se identifica con las grandes órdenes religiosas mendicantes: los franciscanos y los dominicos, que a diferencia de los monjes se radicaron en las ciudades y contribuyeron con estudiantes y grandes pensadores tanto a la creación de las universidades como a la escolástica.

Escolástica proviene de la palabra latina, *scholasticus,* que significa hombre sabio o persona que dedica su tiempo libre al estudio. Igual que la patrística, la escolástica se destaca por grandes teólogos que fueron santos, por ejemplo, el benedictino san Anselmo, los dominicos san Alberto el Grande y santo Tomás de Aquino, y el franciscano san Buenaventura. Durante este tiempo la distinción entre la filosofía y la teología no se hacía tan nítidamente como sucederá en siglos posteriores. La filosofía y teología contemporánea puede considerar a los grandes pensadores escolásticos, y de hecho lo son, tanto filósofos como teólogos.

La escolástica como teología tiene unos rasgos particulares entre los cuales resalta el uso de la filosofía griega, especialmente de Aristóteles, para mejor entender los misterios de la fe. La filosofía de Aristóteles se había perdido en Occidente hasta que los textos que los traductores árabes de la península Ibérica habían preservado comenzaron después de la Reconquista a ser traducidos al latín y propagados por centros universitarios europeos. La escolástica es una teología científica, abstracta, de mucha sutileza y distinciones. Esta metodología teológica nace del debate académico de la universidad, llamado *disputatio*.

Este ejercicio académico contraponía a dos estudiantes escogidos por el maestro para defender posiciones teológicas opuestas, o bien preguntas al maestro de sus estudiantes acerca de los temas presentados a debate. Al final del ejercicio el maestro resumía el debate y daba su opinión. Las notas de estos debates que tomaban estudiantes escribas presentes en el aula formaban parte de lo que sería el género literario más identificado con la escolástica, o sea la *summa*. La *summa* o resumen del *disputatio* presenta una tesis u opinión teológica o filosófica que se debate con argumentos a favor y en contra y una síntesis de ambos, culminando en la opinión preferida del maestro o autor del resumen. Las *summae* empleaban un lenguaje académico abstracto y preciso que, comparado con las homilías bíblicas, simbólicas y exhortativas, de la patrística resulta árido.

La teología moderna

La teología moderna se refiere a aquellos movimientos teológicos que ocurren durante el período moderno, o sea entre el siglo XIV y XIX. Estos cuatro siglos ven el nacimiento de múltiples tipos de teologías con presupuestos y métodos teológicos muy diferentes entre sí. Dominará la influencia del protestantismo, tanto liberal como evangélico, que nace de la Reforma del siglo XVI. En términos generales el período moderno de la historia se caracteriza por unos cambios socio-políticos, económicos, e intelectuales en Europa que en un principio serán hostiles a la cultura europea medieval incluyendo a la Iglesia, las monarquías, la filosofía griega, en fin, todo lo tradicional.

Ya hemos mencionado *la Reforma protestante* del siglo XVI que sacudirá a la unidad de la Iglesia occidental y tendrá importantes efectos en cómo se entenderá la teología en adelante. También de radical importancia para la cultura europea moderna y por lo tanto la teología en general fue:

- el descubrimiento y la colonización del nuevo mundo,
- la Revolución Francesa,
- el nacimiento de la ciencia empírica,
- la minus-valoración de la metafísica y *el torno al sujeto en la filosofía* con sus implicaciones para la conciencia histórica

- y la sospecha de la misma razón, por nombrar tan sólo algunas de las corrientes y eventos importantes de la modernidad.

Las teologías protestantes clásicas

La Reforma protestante es un evento complejo con raíces tanto políticas y económicas como teológicas. Aunque hay diferencias importantes entre las posiciones teológicas de los grandes reformadores como Martín Lutero, Juan Calvino, Ulrich Zwingli o Philip Melanchton, también hay convergencias que se distinguen del pensamiento metafísico de la escolástica. Lutero resumió las creencias esenciales de la reforma como *sola Scriptura, sola gratia, sola fidei*. O sea, solamente la Sagrada Escritura, solamente la gracia y solamente la fe. De esta manera la teología protestante clásica marcaba sus distancias de la escolástica medieval que se basaba en una reflexión intelectual acerca de la fe.

La escolástica reconocía el peso de la caída de nuestros primeros padres Adán y Eva pero, a diferencia de los reformadores, nunca llegó a pensar que la razón humana era tan corrupta como para no poder llegar, aunque con dificultad, a un conocimiento cierto de la existencia de Dios. Los reformadores protestantes sospechaban profundamente de la razón humana que consideraban completamente afectada por la caída de nuestros primeros padres, Adán y Eva. Para los reformadores la única fuente confiable acerca de Dios y para la salvación es la revelación divina. Por tanto, la palabra de Dios en la Sagrada Escritura será la fuente principal de este modo de hacer teología. Además, la teología protestante clásica sostiene que no hace falta un órgano o norma extra-bíblica para la recta interpretación de la misma. Se rechaza el papel autorizado del magisterio de la Iglesia, aunque en realidad los profesores protestantes de la Sagrada Escritura funcionarán como el magisterio de la Iglesia en el pensamiento de Calvino para resolver cuestiones debatidas acerca de la interpretación de la Biblia.

El rechazo del pensamiento filosófico en la teología llevará a Lutero a negar la doctrina de la transubstanciación. El reformador protestante creía que en la Eucaristía se da una presencia del cuerpo y la sangre de Cristo, pero sin admitir un cambio substancial de éstos en el pan y vino consagrados. La transbustanciación requeriría entre otras cosas, el empleo de categorías filosóficas extra-bíblicas que él rechazaba.

La teología protestante liberal

La teología protestante liberal surge en el siglo XIX en los países protestantes del Norte de Europa como respuesta al reto al cristianismo que presentaba la ciencia empírica. A diferencia de la teología protestante clásica, esta teología será más receptiva a las corrientes filosóficas de su época y tratará de presentar la fe cristiana de una manera aceptable a la nueva mentalidad positivista o empiricista del siglo XIX. Esta *mentalidad cientista* rechazaba toda realidad que no podía comprobarse, cuantificarse y controlarse por medios científicos. Lo real para este punto de vista es lo que se puede observar, medir y manipular por los sentidos. Por tanto lo espiritual, lo metafísico, queda bajo sospecha como mito que no puede comprobarse empíricamente.

Entre los grandes representantes de esta teología liberal destacan Immanuel Kant, Ernest Renan, David Friedrich Strauss, Fredrick Schleiermacher, Soren Kirkegaard, Adolf von Harnack, Rudolph Bultmann, Paul Tillich, por nombrar algunos. Entre los proyectos más importantes de estos pensadores fue la "desmitificación" de la Biblia. El movimiento iniciado por Bultmann, intentaba proporcionar una explicación racional de los elementos divinos y milagrosos de las Sagradas Escrituras. Otra importante contribución fue la búsqueda del Jesús histórico, que produjo varias obras sobre la vida de Jesús. Estas obras presentan al Salvador como un genio religioso o gran predicador con una gran enseñanza ética pero sin ninguna característica divina. La teología protestante liberal llegará a influenciar a algunos pensadores católicos que serán sancionados por San Pío X como parte de su condena del Modernismo a comienzos del siglo XX.

La teología contemporánea y su contexto social

El siglo XX amaneció con esperanzas de que la ciencia iniciaría una época de progreso sin límites para el bienestar del ser humano. Desgraciadamente el siglo se convirtió en uno de los más sangrientos en la historia de la humanidad. Sin duda se dieron enormes avances en la medicina, la aviación y otros muchos campos de la tecnología. Pero también estallaron dos sangrientas guerras mundiales que mataron a millones de seres humanos, movimientos totalitarios como el fascismo y el comunismo que en su ansia de poder y dominación aplastaron y esclavizaron a numerosos pueblos, la creación de armas nucleares y biológicas capaces de arrasar a la humanidad entera, y una guerra fría entre la democracia y el comunismo que costó billones de dólares.

En nuestros días hemos visto la globalización de la cultura

por los medios de comunicación y la economía mientras que los pueblos del mundo en desarrollo se enfrentan a la destrucción de su medio ambiente y culturas indígenas, a epidemias, malnutrición, analfabetismo y otros achaques de la pobreza. La teología se verá influenciada por estas corrientes socio-políticas y económicas contemplando el nacimiento de movimientos teológicos que se distanciarán de un optimismo exagerado en la ciencia y el progreso y tomarán nueva conciencia del mensaje profético y social del evangelio.

La teología neo-ortodoxa

Vimos que en el siglo XIX la teología protestante abrazó, a veces de forma poca crítica, el pensamiento anti-metafísico y cientista del momento. El objetivo de esta teología liberal era presentar la fe cristiana de una manera que fuera aceptable a la modernidad, o sea, libre de todo rasgo de tradición que no pudiera justificarse racionalmente. Después de la primera guerra mundial, que, por el uso de armamentos sofisticados se convirtió en un momento de claridad para muchos acerca del potencial de la ciencia para el mal, algunos teólogos protestantes comenzaron a cuestionar el presupuesto de la teología liberal acerca de su confianza completa en el progreso y la ciencia. El más importante de ellos fue el teólogo reformado suizo Karl Barth que, con su comentario sobre la Carta a los Romanos de San Pablo, inició lo que sería el movimiento teológico neo-ortodoxo o dialéctico. Otros teólogos de este movimiento fueron Emil Brunner, Dietrich Bonhoeffer, Jacques Ellul, y Wolfhart Pannenberg.

La teología dialéctica o neo-ortodoxa se caracteriza por su Cristocentrismo y rechazo absoluto de todo intento de explicar la racionalidad de la fe. La fe es a la vez Sí y No de Dios; acogida y juicio de Dios. Esta dimensión dialéctica o paradójica de la fe impide que la razón humana la pueda entender o explicar de manera satisfactoria. No se trata, sin embargo, de una teología fundamentalista que toma la palabra de Dios literalmente. La teología neo-ortodoxa reflexiona sobre la fe de una manera racional. Para Barth la fe es un don absoluto de un Dios soberano que no podemos merecer y mucho menos deducir intelectualmente. La fe es una respuesta al evangelio.

El evangelio se entiende como la proclamación de Jesucristo como acontecimiento. Por tanto la teología neo-ortodoxa de Barth es la predilecta de los evangélicos. Fuertemente influenciado por san Pablo y Lutero, Barth entiende la Iglesia como formada y congregada en torno a la palabra de Dios. La misión de la Iglesia es proclamar esta palabra que ha recibido, que cree y que ha sido encargada de anunciar. Según esta eclesiología, la comunidad tiene lugar cuando el Espíritu lo desea, es decir cuando se proclama y acepta la palabra de Dios. La Iglesia es un evento, un punto de encuentro con Dios. La palabra de Dios congrega a la comunidad y la llama a su conversión.

La teología transcendente

De manera similar a la teología liberal protestante del siglo XIX, la teología transcendente católica en la primera mitad del siglo XX intentó responder al llamado retorno al sujeto de la filosofía anti-metafísica del filósofo Kant adaptando el pensamiento del filósofo existencialista Martin Heidegger a la teología escolástica. Heidegger desarrolló una metafísica nueva con categorías radicalmente diferentes de las que la escolástica había adoptado de la metafísica griega de la Antigüedad. La metafísica de Heidegger se basa en una antropología filosófica transcendente que arranca de una reflexión sistemática sobre quién es el hombre. El representante más famoso de la teología transcendente fue el jesuita alemán Karl Rahner. Otro jesuita, el canadiense Bernard Lonergan, también puede considerarse representante del movimiento teológico transcendente católico.

Rahner jugó un papel importante como asesor teológico de los obispos alemanes durante el Concilio Vaticano II. Su pensamiento acerca de la gracia como parte constitutiva del ser humano tuvo un impacto en *la soteriología* optimista del concilio que admitió la posibilidad de la salvación para quienes no pertenecían a la Iglesia. También jugó un papel importante en la composición de *Dei Verbum* acerca de la revelación en la que se puso de relieve que la revelación primordial de Dios es Jesucristo y la tradición y la Biblia son sus testigos. Además contribuyó a *Lumen Gentium* o "Constitución Dogmática acerca de la Iglesia" proponiendo que la Iglesia es el sacramento fundamental que facilita nuestra participación en la redención lograda por Jesucristo. Por tanto el carácter sagrado de los sacramentos se entiende en función de la sacramentalidad de la Iglesia. Esta teología es la que más influencia ha tenido en la educación del clero después del Vaticano II.

Durante la época después del concilio Karl Rahner fue considerado como uno de los líderes intelectuales de la rama progresista de la Iglesia. Con otros teólogos progresistas como Hans Küng, y los dominicos Eduardo Schillebeeckx, Yves Congar, y Marie-Dominique Chenu fundaron la revista teológica progresista *Concilium*. Aunque, a diferencia de Küng y Schillebeeckx, Rahner nunca fue censurado por la

Congregación por la Doctrina de la Fe, durante el pontificado de Juan Pablo II su influencia disminuyó frente al próximo movimiento teológico que vamos a tratar.

La nouvelle théologie

Otro movimiento católico que influyó significativamente sobre el Concilio Vaticano II fue la llamada *nouvelle théologie* o nueva teología. Este movimiento también nació durante la primera mitad del siglo XX en Francia como respuesta a la decadencia de la escolástica de los siglos XVIII y XIX. La nueva teología buscaba recuperar diferentes maneras de hacer teología que no fuera la escolástica. Este *ressourcement* o búsqueda de nuevas formas para la teología llevó a este movimiento a recuperar las fuentes teológicas antiguas cristianas, especialmente el estilo más simbólico, narrativo y bíblico de la patrística. Esperaban así expresar la fe de una manera más relevante para el ser humano contemporáneo.

A causa de la distancia que tomó este movimiento de la escolástica, que hasta entonces era el modelo principal teológico en la Iglesia Católica, el Papa Pío XII lo condenó en su encíclica *Humani Generis* (1950). Se silenció y prohibió enseñar y publicar a los principales teólogos del movimiento. Ésta fue una dura cruz que ellos aceptaron obedientemente hasta que durante el Concilio Vaticano II, una docena de años después, se sintieron legitimados en sus posiciones. Entonces varios de ellos sirvieron como asesores teológicos de los obispos del Concilio.La *nouvelle théologie* se basa en la riqueza teológica del lenguaje metafórico y simbólico de las Sagradas Escrituras utilizado por la patrística. Su recuperación del concepto *koinonia* o comunidad para entender la Iglesia fue especialmente importante en la eclesiología más colegial de *Lumen Gentium*. Entre los pensadores más importantes del movimiento podríamos destacar a los jesuitas franceses Henri de Lubac y Jean Daniélou, los dominicos franceses Marie-Dominique Chenu y Yves Congar, el suizo Hans Urs von Balthasar y el alemán Joseph Ratzinger, hoy Papa Benedicto XVI.

Después del Vaticano II algunos miembros de este movimiento como de Lubac, von Balthasar y Ratzinger fundaron en 1972 la revista teológica *Communio*. La revista haría avanzar el programa del Concilio, que ellos consideraban había sido secuestrado por posiciones ultra-progresistas que se auto-denominaban en "el espíritu del concilio" pero que sin embargo iban más allá de los decretos del mismo. Varios de estos teólogos de la nueva teología fueron elevados al colegio cardenalicio durante el pontificado del Papa Juan Pablo II y jugaron un papel importante en el pensamiento y la administración del mismo.

El impacto del Concilio Vaticano II en la teología

En este capítulo hemos visto que la historia de la teología ha sido un esfuerzo sin tregua por entender más profundamente el misterio de la revelación que es Jesucristo y presentarlo de diversas maneras a nuevos tiempos con diferentes mentalidades y retos. En nuestros tiempos no ha habido un evento eclesial con fines similares al Vaticano II que buscó, en las palabras del Papa que lo convocó, el Beato Juan XXIII, el *aggiornamento* o puesta al día del depósito de la fe. De manera pastoral y sin los anatemas que caracterizaron a la Iglesia durante el siglo XIX y la primera mitad del siglo XX los obispos de todo el mundo y representantes de otras tradiciones cristianas y no-cristianas dialogaron acerca de cuál debía de ser la respuesta de la Iglesia al mundo contemporáneo. No se trataba de formular nuevos dogmas sino de expresar la fe de la Iglesia en un lenguaje más cercano al mundo contemporáneo. Por ejemplo, la Iglesia que en el Concilio Vaticano I (1870) se presentaba como una sociedad perfecta y reducto de la verdad contra un mundo moderno hostil y errado, ahora se describía como pueblo peregrino de Dios y servidor de la humanidad. La rica historia de los eventos y personajes que prepararon este importante acontecimiento religioso en la historia de la humanidad y los decretos que éste promulgó fácilmente podrían llenar otro libro. Aquí me detendré sólo a comentar el impacto del Concilio sobre la teología católica como tal.

La primera gran influencia del concilio sobre el modo de hacer teología católica fue la de crear un nuevo estilo narrativo y bíblico de la misma. Los decretos del Vaticano II se distinguen de los decretos de otros concilios por ser más largos, pastorales y narrativos. Generalmente, los concilios promulgaban regulaciones cortas llamadas cánones que utilizaban un lenguaje teológico técnico, preciso y árido. Sin embargo, el interés del Concilio Vaticano II de presentar la fe al mundo contemporáneo de manera que resonase con su experiencia y preocupaciones, llevó a los padres conciliares a escribir constituciones y decretos largos y exhortativos referentes a una gran variedad de problemas actuales de los años 60s como el desarrollo, la guerra fría, la increencia, etc.

En particular los documentos del concilio se destacan por el uso de imágenes bíblicas. La palabra de Dios tiene un lugar prominente en ellos y en *Dei Verbum* se recuerdan las palabras del Papa León XIII que pidió que la Sagrada Escritura fuera el corazón de la teología. Para nuestros oídos del siglo XXI quizás esto no suene muy revolucionario, ya que llevamos casi cincuenta años de diferentes teologías católicas que inician su reflexión con la palabra de Dios. Sin embargo, recordemos que en aquel entonces el modelo oficial de la teología católica era el de la escolástica que utilizaba la palabra de Dios, no como fuente principal de su reflexión, sino como textos de prueba para tesis teológicas en latín formuladas en un lenguaje técnico y filosófico.

El Concilio reconoció que si bien la Biblia no podía leerse de forma fundamentalista y que había que atender a las contribuciones de la exégesis o la interpretación científica de la palabra de Dios, tampoco se podían leer las formulaciones dogmáticas de la fe de manera que no se tuviera en cuenta una conciencia histórica. Es decir había que interpretar el dogma teniendo en cuenta el contexto en el cual nació, especialmente el lenguaje del momento y las controversias que el dogma intentaba aclarar.

El concilio reconoció la distinción entre la sustancia del depósito de fe y la manera en que éste se expresa. Afirmó que no hay una sola formulación que exprese la verdad totalmente, que las diferentes formulaciones pueden complementarse y que hay una jerarquía de verdades. En otras palabras, que, aunque los dogmas de la Iglesia expresan verdades de fe, no todos los dogmas tienen la misma importancia. Por tanto la teología y los creyentes han de saber valorar adecuadamente la importancia relativa de diferentes formulaciones dogmáticas para todo el conjunto de la fe.

El Vaticano II presentó una soteriología o teología de la salvación optimista y centrista. La Iglesia ya no se ve a sí misma como el único vehículo de gracia. Se admite que existen gracia y caminos de salvación en otras iglesias y comunidades eclesiales, incluso en otras religiones, aunque estos sean difíciles de seguir con certeza. Bajo ciertas circunstancias, es posible esperar que, por la misericordia y el deseo de salvación universal de Dios (1 Tim 2:4), los que no conocen a Cristo puedan salvarse. La salvación no está garantizada ni si quiera para los bautizados y miembros de la Iglesia, pero los católicos disfrutan, gracias a los recursos de santidad que Jesucristo le dejó a su comunidad, la Iglesia, los medios más certeros, especialmente los sacramentos, para disponerse para la salvación que Dios desea para toda la humanidad. La Iglesia, por tanto, juega un papel indispensable en la salvación del mundo.

El concilio afirmó la enseñanza del Vaticano I en cuanto a la primacía petrina, u oficio y poderes del obispo de Roma para salvaguardar la unidad de la Iglesia, pero ésta mira a un horizonte más amplio. Es decir, la primacía petrina se sitúa en relación con los derechos y privilegios de las iglesias locales y sus pastores u obispos. Se afirma la naturaleza colegial de la Iglesia y la participación de los obispos colegialmente en el gobierno de la iglesia con y bajo su cabeza, el papa u obispo de Roma. La unidad de la Iglesia que tanto preocupaba al Vaticano I es afirmada de nuevo, pero a la vez se reconoce como bueno y enriquecedor para la Iglesia la pluralidad y libertad de costumbres y tradiciones e incluso de expresiones doctrinales.

La misión de la Iglesia no es proteger a los fieles contra el mundo sino servir a toda la humanidad. La misión de la Iglesia es proclamar el evangelio de Jesús, pero se reconoce que hoy esto significa promover la justicia social y el bien común en el ámbito secular. La postura defensiva de la Iglesia del siglo XIX cuando se veía atacada por movimientos y gobiernos anti-religiosos fue reemplazada por apertura y diálogo con el mundo, otros cristianos, no-cristianos, e incluso ateos.

Veremos en el siguiente capítulo cómo estas líneas teológicas del concilio inspirarán a los teólogos y teólogas de nuestros días y serán desarrolladas por ellos y ellas. La pluralidad de enfoques teológicos para entender y propagar la única fe de Jesucristo que siempre ha caracterizado a la Iglesia volverá a florecer en el período posconciliar. Es cierto que en el campo que es la teología posconciliar no solamente encontraremos trigo sino también hierba mala. Pero, como nos demuestra esta breve historia de la teología y como nos recuerda también San Mateo (13:24–30), la presencia de personas y movimientos ortodoxos y heterodoxos en la Iglesia es una constante que veremos hasta que Jesucristo regrese de nuevo para juzgar a vivos y muertos.

Para reflexionar y comentar

- ¿En qué sentido puede decirse que la Biblia es teología? ¿Cuál es la teología contenida en la Biblia que más te habla a ti?
- ¿Qué fue la patrística y por qué es tan importante para la fe cristiana?
- ¿Qué movimientos teológicos influyeron el Concilio Vaticano II?
- ¿Qué fue el Concilio Vaticano II y cuál es su importancia para la teología de hoy? ¿Recuerdas la Iglesia antes del Concilio Vaticano II? ¿Cuáles son tus recuerdos?

5

LA TEOLOGÍA DESPUÉS
DEL VATICANO II Y HOY

Introducción

El Concilio Vaticano II supuso una gran fuerza de renovación en la Iglesia. Esa renovación también afectó a la teología, como vimos en el capítulo anterior. En este último capítulo estudiaremos varios movimientos teológicos posconciliares que cobraron fuerza gracias a las directivas del Vaticano II y también abrieron nuevos horizontes para la teología. Como veremos más adelante, muchos de estos nuevos movimientos teológicos de nuestros días se centraron en el desarrollo de una teología profética que aboga por los derechos de grupos marginados en la Iglesia y en la sociedad. También veremos el impacto que tiene la *inculturación* de la fe promovida por el concilio sobre la teología de hoy en el movimiento de la teología contextual o teología que atiende de manera especial a la ubicación socio-cultural del teólogo o la teóloga y la teología que éste o ésta desarrolla. Concluimos con una mirada a un ejemplo de esta teología contextual, la teología latina o hispana que viene elaborándose en Estados Unidos desde la década de los 1970s.

La teología política

Del mismo modo que los horrores que facilitó la tecnología durante la primera guerra mundial dieron paso a la teología neo-ortodoxa, el Shoah u Holocausto de millones de seres humanos inocentes a mano de los Nazis, especialmente seis millones de judíos, llevará al nacimiento de la teología política. Este movimiento representó una crítica a la teología transcendente por no estar comprometida con la humanidad en sus proyectos políticos y sociales de promoción de la justicia social y el bien común. Subrayó la dimensión política y social de los evangelios, es decir que, según el mensaje de Jesús, amar a Dios implica amar al prójimo. Entre los pensadores más importantes de este movimiento pueden destacarse el católico John Baptist Metz y el protestante Jürgen Moltmann.

La teología política también se destaca porque los líderes de este movimiento jugaron un papel importante en la formación de varios portavoces de la primera generación de la teología de la liberación latinoamericana que comentaremos a continuación. Sin embargo la teología de la liberación latinoamericana se distingue de la teología política porque, entre otros puntos significativos, reflexiona acerca de una fe cristiana comprometida con la liberación del empobrecido latinoamericano. Este punto de arranque de la teología de la liberación supone una metodología desde, para y con el empobrecido latinoamericano, con sus características particulares incluyendo su honda religiosidad popular católica. La teología política asume otro punto de arranque, o sea, el europeo, a veces creyente a veces no, de clase económica acomodada y comprometido con una ideología progresista. Gustavo Gutiérrez, OP, el padre de la teología de la liberación latinoamericana, observó que mientras que la teología europea se preocupaba por la cuestión de cómo creer en Dios en un mundo secularizado, para la teología de la liberación latinoamericana la preocupación era cómo ser cristiano en un continente cristiano donde cristiano oprime a cristiano.

La teología contextual

Según el gran teólogo Karl Rahner, SJ, uno de los grandes aportes del concilio fue el de encarnar y promover el entendimiento de la catolicidad o la universalidad de la Iglesia de una nueva manera. En su credo, la Iglesia siempre se ha entendido como católica o universal, pero la manera de expresar esa catolicidad se había restringido después del Concilio de Trento y entendido como la iglesia local de Roma extendida por todo el mundo, con los mismos ritos en la lengua de esa iglesia particular, o sea, el latín. Al Vaticano II asistieron obispos de todas partes del mundo y allí se reconoció que la catolicidad de la Iglesia requería la acogida a todas las culturas de todo el mundo. La fe tenía que enculturarse o expresarse utilizando las mentalidades y costumbres de pueblos fuera de Europa. La Iglesia, en palabras de Rahner, tenía que ser una iglesia mundial.

Al mismo tiempo el concilio adoptó el llamado del Papa Juan XXIII de leer "los signos de los tiempos." Es decir reconocer que el Espíritu Santo está activo en el mundo contemporáneo aun en nuestros días. Esto supuso una ruptura significativa con la mentalidad pesimista imperante en la Iglesia de aquel entonces, que miraba a la modernidad con sospecha y como fuente de muchos errores anti-cristianos. Los documentos del concilio proponen una lectura más equilibrada del mundo contemporáneo. Reconocen los movimientos positivos que promueven la humanización de la sociedad así como otros que el Papa Juan Pablo II llamará durante su pontificado promotores de la cultura de la muerte. En el campo de la teología esta lectura más realista del mundo contemporáneo supuso una nueva valoración y atención a las experiencias contemporáneas de la humanidad como fuente para discernir la acción del Espíritu Santo para nuestros tiempos.

Este doble enfoque en la experiencia humana y las culturas fuera del continente europeo como fuentes de la reflexión teológica se ha venido a llamar teología contextual. Además de la experiencia humana personal y la cultura, tanto secular como religiosa, de un pueblo, la teología contextual considera que la ubicación social de un grupo o una persona pueden ser fuentes de reflexión teológica, por ejemplo, su clase social, género sexual, raza, etnicidad e incluso su orientación sexual. Finalmente, los acontecimientos o cambios sociales importantes también pueden considerarse "signos de los tiempos" que han de analizarse para discernir la acción de Dios en ellos.

Diversas teologías contextuales y la teología clásica

Dados los diversos contextos en que se centra la reflexión de este movimiento teológico, se podría llamar contextuales a muchas teologías. Por ejemplo, la teología de la liberación podría considerarse una teología contextual por su interés en la liberación y experiencia de fe de los pobres, así como la teología feminista por su enfoque en la liberación y experiencia religiosa de la mujer, o muchas otras "teologías étnicas" como la Afro-Americana, la Asiática, la de los Hispanos en los Estados Unidos por atender a la cultura y experiencia religiosa de estos grupos. Más adelante miraremos detenidamente a tres de estas teologías contextuales: la teología de la liberación latinoamericana, la teología feminista, y la teología hispana de los Estados Unidos.

Antes de concluir esta descripción de la teología contextual subrayamos su relación con las fuentes clásicas de la teología como la Sagrada Escritura, el magisterio y la gran tradición cristiana de occidente. El Padre Robert Schreiter, C.PP.S., experto en teología contextual, comenta que la atención que se le presta a la cultura y la experiencia humana en su rica diversidad para discernir la acción del Espíritu Santo debe relacionarse con otros elementos teológicos. De esta manera se evita el convertir la experiencia o la cultura en algo romántico, considerándolas fuente teológica sin ambigüedades que tiene que ser sujeta a la revelación definitiva de Dios que es Jesucristo. También se debe evitar que la teología contextual se encierre tanto en sí misma que haga muy difícil el diálogo y la unidad con otras teologías e iglesias locales.

Schreiter propone, por tanto, que toda teología contextual se evalúe desde la perspectiva de los siguientes criterios:

- su coherencia con la intención de la formulación básica del Cristianismo, o sea el Credo
- los Evangelios,
- la *ortopraxis* o la fe que lleva a un compromiso por la liberación de los oprimidos y el bien común, y que la teología encuentre resonancia en la experiencia de fe del pueblo de Dios (*sensus fidelium*); especialmente su vida de oración comunitaria,

- la apertura a los aportes de otras iglesias locales
- la capacidad de aportar ideas a otras teologías.

La teología de la liberación

La teología de la liberación nació en América Latina al final de los años 1960s y al comienzo de los 1970s. Era una crítica de la teología política europea, por su falta de inserción en el mundo de los pobres. Esta teología formuló una respuesta al contexto latinoamericano de aquel entonces caracterizado por la extrema desigualdad entre ricos y pobres y un ambiente institucionalizado de opresión por dictaduras militares de seguridad nacional durante la llamada guerra fría entre la Unión Soviética y los Estados Unidos y sus aliados. Esta forma de teología se caracteriza por su reflexión racional acerca de la fe en acción o la praxis liberadora que busca promover los valores del Reino de Dios en la sociedad. Es una reflexión teológica que se hace conscientemente desde, con y para los pobres que son considerados destinatarios privilegiados del anuncio del Reino por Jesucristo. La teología de la liberación busca tratar todos los temas de la teología desde la perspectiva del pobre y su liberación.

La teología de la liberación busca tratar todos los temas de la teología desde la perspectiva del pobre y su liberación.

Se reconoce a Gustavo Gutiérrez, entonces sacerdote diocesano de Lima, Perú y hoy miembro de la orden dominica como padre del movimiento. Otros importantes teólogos del movimiento son Leonardo Boff de Brasil y Jon Sobrino, SJ de El Salvador. También ha de mencionarse la influencia de la Conferencia Episcopal Latinoamericana y del Caribe (CELAM) que en sus reuniones de 1968 en Medellín, Colombia y 1979 en Puebla, México ayudaron con sus discusiones y documentos a promover este tipo de teología.

Clodovis Boff, OSM y hermano de Leonardo Boff han descrito la teología de la liberación como un movimiento teológico y pastoral con diferentes manifestaciones que agrupa en tres: teología de la liberación profesional, pastoral y popular. La teología de la liberación profesional sería la practicada por académicos y caracterizada por una lógica y metodología científica, sistemática, que emplea diferentes métodos de análisis de la realidad. Su lugar de desarrollo suele ser la universidad, los congresos teológicos profesionales, las publicaciones de artículos y libros para teólogos profesionales. No obstante muchos teólogos y teólogas de la liberación mantienen vínculos estrechos con la base, como sería el caso del propio Clodovis Boff que repartía su tiempo laboral entre la docencia universitaria y el acompañamiento y asesoramiento teológico de comunidades de base. Muchos teólogos y teólogas de la liberación consideran que su producción intelectual debe reflejar la teología de la liberación más pastoral y popular. Por tanto valoran mucho el tiempo que emplean con comunidades de base u otros grupos comprometidos a vivir una fe cristiana que busca promover la liberación del pobre.

La teología de liberación pastoral suele estar desempeñada por sacerdotes, religiosas y otros agentes pastorales que ejercen directamente con el pueblo una pastoral liberadora. La metodología que emplean suele ser la del círculo pastoral que se refleja en cursos que se imparten en institutos pastorales, reuniones eclesiales de todo tipo, documentos pastorales y la predicación de las celebraciones de las comunidades. La teología de la liberación popular se expresa en la lógica de la vida frecuentemente expresada mediante diversos gestos, palabras y celebraciones sacramentales de la comunidad. Su lugar predilecto son las comunidades de base donde el evangelio confronta a la vida diaria en la reflexión, el compartir y la celebración de sus miembros. Importantes también en este nivel popular son las canciones, dramatizaciones, obras de arte y otros medios que ayudan al pueblo a entender y comprometerse con los valores del Reino desde su contexto de pobreza y experiencia de injusticia.

Luces y sombras
de la teología de la liberación

La teología de la liberación nacida en América Latina ha tenido una influencia y alcance mundial. El teólogo norteamericano Roger Haight, SJ, ha observado que se puede considerar a la teología de la liberación latinoamericana como ejemplo de cómo el magisterio papal y de otras iglesias particulares ha adoptado la manera de hacer teología de una iglesia local, o sea la latinoamericana. Las categorías desarrolladas por la teología de la liberación tales como la opción preferencial por los pobres, el pecado social, la contribución de las comunidades eclesiales de base, etc. se han ido integrando en la manera de llevar a cabo una reflexión teológica en muchas partes del mundo y en los documentos magistrales de la doctrina social de la Iglesia, por ejemplo, la *Instrucción acerca de la libertad cristiana y la liberación, Libertatis conscientia,* promulgada en 1986 por la Congregación de la Doctrina de la Fe, el órgano de la Santa Sede encargado con promover y salvaguardar la ortodoxia de la fe.

Dos años antes de la publicación de ese documento que

elogió algunos aspectos de la teología de la liberación, la Congregación por la Doctrina de la Fe (CDF), entonces dirigida por el Cardenal Joseph Ratzinger, el actual Benedicto XVI, publicó en 1984 un documento muy crítico acerca de la teología de la liberación, *Libertatis nuntius* o *Instrucción acerca de ciertos aspectos de "la Teología de la Liberación."* Entre los puntos más criticados fue el uso que la teología de la liberación hace del análisis marxista de la realidad para leer "los signos de los tiempos" y promover la justicia social y el cambio.

En particular, la CDF estaba preocupada porque algunos teólogos de la liberación a veces identifican a los pobres en términos marxistas, o sea como el proletariado. En la filosofía marxista el proletariado es un grupo involucrado en una inevitable lucha de clases que solamente puede culminar en conflicto. Esta comprensión marxista de la historia es determinista y pone en peligro la unidad de la Iglesia y su enseñanza acerca de la libertad y el pecado personal. Otra crítica a la teología de la liberación fue sobre su concepto del Reino de Dios. Algunos teólogos y teólogas de la liberación identificaban esta realidad, que al fin y al cabo es escatológica y es un don de Dios, con los proyectos políticos limitados y ambiguos de este mundo.

A pesar de éstas y otras limitaciones, se han de reconocer los grandes aportes al campo de la teología de la teología de la liberación, que sigue teniendo vigencia por todo el mundo en el modo en que ha sido adaptada por diferentes iglesias locales. Hoy podemos hablar de una teología de la liberación africana y asiática y no solamente latinoamericana. El cristianismo ya no es una fuerza exclusivamente europea y del mundo desarrollado. El cristianismo es un fenómeno mundial y especialmente del mundo en desarrollo; un mundo caracterizado tanto por grandes injusticias como por grandes oportunidades. En este mundo el aporte de los teólogos y teólogas de la liberación latinoamericana tiene resonancia porque toma en serio que los pobres son sacramento de Dios e incorporan su experiencia de fe y necesidad de liberación tanto en la pastoral como en la reflexión teológica.

La teología feminista

La teología feminista nace en los EE.UU. y en Europa occidental en los años setenta bajo la influencia del movimiento feminista secular de aquellos tiempos. A igual que la teología de la liberación, trata de reflexionar sobre la fe desde la perspectiva de la mujer y con el fin de acabar con *el sexismo* y *la patriarquía* o el sistema cultural masculino que oprime a la mujer y minus valora el ser y la experiencia femenina. Hay varios tipos de teologías feministas que se han agrupado en cuatro grandes grupos: la teología feminista radical, reformista, mujerista, y el nuevo feminismo.

La teología feminista radical se considera poscristiana o sea que mantiene que las fuentes normativas del cristianismo como la Biblia y el magisterio están irreparablemente dañadas por características sexistas y patriarcales que impiden la realización y liberación de la mujer. Abogan por la ruptura con el cristianismo y el rescate de imágenes femeninas de la divinidad o la diosa que puedan servir más fácilmente para su proyecto de liberación y afirmación de la mujer. Quizás la representante más famosa de esta posición sea la teóloga norteamericana Mary Daly.

Más común y numeroso que el movimiento radical de la teología feminista es la reformista. Las teólogas reformistas se consideran cristianas y pueden encontrarse en casi todas las iglesias y comunidades eclesiales cristianas. Reconocen que las fuentes del cristianismo son producto de los tiempos y por tanto contienen muchos elementos sexistas y patriarcales que minus valoran y oprimen a la mujer. Sin embargo ven en Jesucristo y en muchas mujeres de la tradición judeo-cristiana importantes aliados para la lucha feminista de nuestros días que desea promover la liberación de la mujer. Entre las representantes católicas más conocidas de esta línea pueden señalarse a las doctoras Lisa Cahill, Elizabeth Johnson, CSJ, Rosemary Radford Ruether y Sandra Schneiders, IHM entre muchas otras.

La teología feminista mujerista comparte mucho con las reformistas, pero se distingue de ellas por su ubicación socio-económica. Las mujeristas buscan la promoción y liberación de la mujer pobre y de color. Comentan que las reformistas suelen ser feministas blancas del mundo desarrollado. Su ubicación socio-económica y racial no siempre concuerda con los intereses de la mayoría de las mujeres que son de color, pobres y que viven en el mundo en desarrollo. Entre las teólogas mujeristas más conocidas en los Estados Unidos podríamos nombrar a las afro-americanas Shawn Copeland, Diana Hayes, y Jaime Phelps, OP y las latinas Ada María Isasi-Díaz y María Pilar Aquino.

Finalmente existe lo que se denomina "el nuevo feminismo," inspirado por el pensamiento del Papa Juan Pablo II pero no limitado a mujeres católicas. Las nuevas feministas consideran que existe una diferencia esencial pero complementaria entre el hombre y la mujer. Los demás movimientos feministas que hemos mencionado rechazan este punto por opinar que la complementareidad de los sexos promueve la desigualdad entre los mismos. Sin embargo el nuevo feminismo mantiene tal complementareidad sin suponer que el hombre sea superior a la mujer o viceversa. Siguiendo el pensamiento del Siervo de Dios Juan Pablo II, el nuevo feminismo cree en "el genio femenino." Dice que la mujer posee ciertos dones, perspectivas y roles diferentes a los del hombre. Entre las representantes más conocidas del nuevo feminismo destacan la teóloga Pia de Solenni, la filósofa Alicia von Hildebrand, la escritora judía Wendy Shalit y la activista protestante Enola Aird.

A pesar de las diferencias entre las teologías feministas se pueden identificar ciertos elementos comunes. Se reconoce que el cristianismo nació de culturas sexistas y patriarcales que minusvaloraban la experiencia y contribución de la mujer. Por tanto de la historia cristiana y judía hay que rescatar los ejemplos de mujeres que contribuyeron a su fe y especialmente imágenes de Dios que no están condicionadas por el sexismo y el patriarcado. En particular el cuerpo de la mujer es un punto de la reflexión teológico feminista por la manera ya que éste ha sido demonizado por diversas tradiciones religiosas. El cuerpo también es esencial para la reflexión feminista porque toca muchos temas de especial importancia para la mujer, como son la maternidad, la sexualidad, la autoestima, la violencia de género ya sea por la violación o la mutilación de los órganos sexuales de la mujer. Las teologías feministas también comparten el rechazo de toda violencia y abuso contra la mujer en la sociedad y en las iglesias. Se potencia un modo de proceder que enfatiza la colaboración y disminuye la competitividad y el individualismo.

La nueva apologética

Durante los 1980s surge un movimiento teológico tradicional que se destaca por el enfoque apologético o de defensa de la fe. Este movimiento se distingue de la mayoría de la teología norteamericana contemporánea de corte más liberal y con frecuencia crítico del magisterio de la Iglesia. No pocos de sus teólogos son conversos, de política conservadora y críticos del modo en que la teología católica especialmente en las antiguas universidades católicas de los EE.UU, acoge con entusiasmo la cultura secular norteamericana sin ejercer una crítica suficientemente completa y coherente de la misma. El decano de este movimiento sería Avery Cardenal Dulles, SJ, pero su personaje más conocido es Scott Hahn de la Universidad Franciscana de Steubenville, Ohio.

Hay ciertos rasgos comunes que caracterizan la teología de este movimiento. Por ejemplo, al ser muchos de ellos conversos a la iglesia católica desde el protestantismo y especialmente del protestantismo evangélico, su teología suele centrarse en una elaboración teológica que enfatiza el contenido bíblico de la fe. También se da una fuerte conexión entre la reflexión teológica y la espiritualidad del teólogo. Les interesa que el teólogo o la teóloga no solamente sea persona de fe sino un hombre o mujer que se caracterice por su integridad personal y por una vida de oración y devoción, especialmente una espiritualidad eucarística. Al ser un movimiento enfocado en la apologética se nota un cierto proselitismo o deseo de convertir a los no católicos por medios racionales que destacan la belleza de los fundamentos bíblicos del catolicismo.

La teología hispana en los Estados Unidos

Eduardo Fernández, SJ, ha identificado a la teología hispana de los Estados Unidos como ejemplo de la teología contextual que trata de transmitir el evangelio a la realidad latina en los Estados Unidos. La teología hispana estadounidense se parece a la teología de la liberación latinoamericana en la que se ha inspirado porque, al igual que a ésta, le interesa elaborar una teología desde, con y para la base, especialmente la lucha del pueblo de Dios por su liberación integral del pecado y de la injusticia social.

Sin embargo, la teología hispana estadounidense es diferente de la teología de la liberación latinoamericana en cuanto que atiende a ciertos factores de gran importancia para el contexto norteamericano, como puede ser la cultura hispana a veces despreciada y bajo el ataque de la cultura dominante norteamericana que se caracteriza por su secularidad y elementos puritanos. En particular los teólogos y teólogas hispanas estadounidenses se fijan en la religiosidad popular de la población hispana como ejemplo del *sensus fidelium* y fuente fecunda para la reflexión teológica. También interesa el diálogo ecuménico, el aporte feminista y la pastoral de conjunto o colaborativa en equipo compuesto por sacerdotes, religiosas y laicos y laicas.

En sus comienzos en los años setenta la teología latina de los Estados Unidos podía considerarse como una teología pastoral al servicio del ministerio hispano de la iglesia católica así como de diversas denominaciones protestantes en Estados Unidos. Este enfoque se ve claramente en los primeros escritos de los padres de este movimiento, como son el sacerdote católico mexico-americano de San Antonio, Texas, Virgilio

Elizondo y el ministro metodista cubano-americano Justo González. En 1989 la Asociación Católica de Teólogos/as Católicos de los Estados Unidos (ACHTUS) fue organizada en Berkeley, California bajo la inspiración y dirección de los sacerdotes mexico-americanos Allan Figueroa Deck, SJ, y Arturo Bañuelas de El Paso, Texas. Al comienzo de los noventa ACHTUS comenzó a publicar el *Journal of Hispanic/Latino Theology* que ahora se publica electrónicamente.

En los ochenta los teólogos y teólogas protestantes estadounidenses comenzaron a reunirse en la conferencia anual de la Academia Americana de la Religión (AAR) en un grupo denominado "La Comunidad." También durante esta década el Programa Mexico-Americano de la Escuela Perkins de Teología de la Universidad Metodista del Sur de Dallas, Texas comenzó a publicar la revista teológica *Apuntes*. Desgraciadamente, ambas organizaciones han dejado de funcionar. En la década de los noventa la teología hispana estadounidense ha visto grupos de sus teólogos reunirse en las conferencias anuales de las grandes organizaciones teológicas del país, la AAR y la Sociedad Americana de Teología Católica (CTSA) donde han ido desarrollando una teología menos pastoral y más académica.

La teología hispana de los Estados Unidos muestra una gran variedad de enfoques y metodologías. Ya hemos mencionado la labor de las teólogas mujeristas Ada María Isasi-Díaz y María Pilar Aquino. Fácilmente podrían añadirse muchas otras como la cubana-americana Michelle González, la ecuatoriana-americana Jeannette Rodríguez y la ministras puertorriqueñas Loida Martell-Otero y Elizabeth Conde-Frazier. Los sacerdotes mexico-americanos Allan Figueroa Deck, SJ, y Eduardo Fernández, SJ, han escrito ampliamente en el campo de la teología pastoral, mientras que los cubanoamericanos Roberto Goizueta y Alejandro García-Rivera han prestado atención a la teología sistemática o dogmática. Timothy Matovina, Orlando Espín y Sixto García han elaborado estudios históricos y teológicos de la religiosidad popular hispana en los Estados Unidos.

Entre los más importantes teólogos protestantes hispanos estadounidenses ya hemos mencionado al padre del movimiento, Justo González. Debemos mencionar también a los teólogos pentecostales puertorriqueños Edwin Villafañe y Samuel Soliván, y el metodista puertorriqueño Harold Recinos. El fallecido teólogo evangélico Orlando Costas merece un sitio de honor. Fue decano del Seminario Andover Newton en Massachussets y su docencia y libros de misiología tuvieron un gran impacto en la primera generación de teólogos y teólogas protestantes estadounidenses.

Para reflexionar y comentar

1. ¿Qué es la teología contextual?
2. ¿Es anti-cristiana la teología feminista? ¿Por qué?
3. ¿Cuáles serían algunos puntos fuertes y débiles de la teología de la liberación latinoamericana?
4. ¿En qué se distingue la teología hispana estadounidense de la teología de la liberación latinoamericana?

EPÍLOGO

Después de aproximarnos de diferentes maneras a este complicado pero fascinante campo que es la teología, podemos formular una definición de ésta tomando en cuenta las diferentes facetas que hemos visto. Con san Anselmo podemos reiterar que la teología es *fides quaerens intellectum* o la fe que busca una mayor comprensión de los misterios que la constituyen. Y esto de una forma científica, o sea, consciente y metódica, trabajando con las fuentes de la fe que son la Biblia, el magisterio, la tradición y el *sensus fidelium*. Sin embargo, estos elementos comunes de la teología católica, como hemos visto en la historia de la teología hasta nuestros días, no impiden que el modo en que el teólogo o la teóloga tejen o combinan estos elementos primordiales de la teología católica varíe radicalmente y aún así pueda seguir llamándose teología católica.

Otro constante de la teología católica que demuestra nuestra investigación histórica es que la teología siempre ha sido y seguirá estando influenciada por la cultura y el momento histórico en que el teólogo o la teóloga que la desarrolla vive. Por eso la teología no tendrá fin y siempre tendrá que estar atenta a los signos de los tiempos. Los tiempos, las culturas y las personas cambian y el mensaje salvífico del evangelio tiene que pensarse y formularse de maneras que sean inteligibles para estas nuevas circunstancias. A la vez, el Espíritu de Dios sigue actuando en la historia y los creyentes tenemos la responsabilidad de escucharlo y dejarnos guiar por sus movimientos.

TÉRMINOS CLAVES

Analogía: La relación entre dos entidades básicamente diferentes. En teología se refiere a la posibilidad de hablar de Dios, un ser como ningún otro por ser perfecto e infinito, usando el lenguaje humano que se refiere a seres creados o imperfectos y limitados. Esa posibilidad se basa en que nosotros, los seres creados, participamos imperfectamente en la existencia perfecta de Dios.

Círculo pastoral: Una metodología de planificación pastoral basada en la metodología de la Juventud Obrera Católica (ver-juzgar-actuar) El círculo pastoral añade los momentos de la inserción, el análisis social de la realidad, la reflexión teológica y la evaluación.

Cisma: Es la ruptura de unidad en la Iglesia que produce el establecimiento de diferentes tradiciones cristianas, por ejemplo, la Reforma Protestante del siglo XVI. Los cismas ocurren por diversas razones: a veces por desacuerdos doctrinales, a veces por razones no teológicas y más políticas o culturales.

Cristología: La rama de la teología sistemática o dogmática que estudia el misterio de la persona y misión de Jesucristo.

Correlación teológica: El proceso de reflexión teológica que dialoga con la Revelación contenida ya sea en la Sagrada Escritura o la Tradición Apostólica con la mentalidad, preocupaciones y preguntas de un contexto ajeno a esa Revelación.

Depósito de fe: El contenido de la Sagrada Escritura y la tradición apostólica recibida por los Apóstoles de su Señor Jesucristo y encargado por ellos a toda la Iglesia.

Desarrollo de la doctrina: El proceso teológico por el cual la Iglesia va refinando y entendiendo más plenamente el depósito de fe, por ejemplo, el modo en que la Iglesia fue clarificando la doctrina de la Trinidad.

Dogma de fe: Dogma significa enseñanza. Una dogma de fe es una enseñanza de la Iglesia que se encuentra en el depósito de fe y que puede haber sido definido por un concilio o por el Santo Padre en un acto solemne, o bien puede ser una creencia contenida en el depósito de fe que aunque esencial, por ejemplo, la Resurrección, no ha sido definida solemnemente por un concilio o por el Papa.

Eclesiología: La rama de la teología sistemática o dogmática que se ocupa de la naturaleza y misión de la comunidad establecida por Jesucristo, la Iglesia.

Encíclica: Una carta circular del Santo Padre en la cual expone con un alto grado de autoridad alguna enseñanza teológica importante para toda la Iglesia.

Estudio diacrónico de la biblia: El uso de diferentes técnicas científicas y literarias para determinar como un texto bíblico fue compuesto a lo largo de varias etapas cronológicas.

Estudio sincrónico de la biblia: El uso de diferentes técnicas teológicas y literarias para entender el contenido de un texto bíblico en relación con otros textos bíblicos escritos en su mismo tiempo o en otro.

Ex cátedra: Significa literalmente de la silla. Se refiere a la silla del obispo de Roma, el Papa, que representa su autoridad de enseñar, proteger e interpretar la fe recibida de Jesucristo a través de San Pedro (Mt 16:18).

Exégesis: La exposición de la Sagrada Escritura utilizando métodos científicos de la hermenéutica, como por ejemplo el estudio de las fuentes o las redacciones que contribuyeron a un texto en particular.

Fides qua creditur: Literalmente, la fe por la cual se cree. La relación personal en amor, confianza y esperanza con el Dios vivo que Dios mismo nos regala.

Fides quae creditur: Literalmente, la fe creída. El contenido de la fe o el depósito de la fe. Aquellos misterios revelados por Dios a los hebreos y por Jesucristo a la Iglesia por medio de los Apóstoles.

Fides quaerens intellectum: Definición breve de San Anselmo para la teología: la fe que busca ser inteligible.

La Gran Tradición: El conjunto de ideas, prácticas, obras de arte, rituales y cantos que, a lo largo de la historia, han empleado diferentes pueblos y culturas para expresar la fe cristiana.

Hermenéutica: La ciencia de la interpretación de textos o la metodología concreta empleada para la interpretación de un texto.

Herejía: Cualquier creencia que intencionadamente niega o malinterpreta el depósito de fe.

Inculturación: El proceso de adaptación de la fe a culturas no-cristianas en lenguaje y categorías entendida por esas culturas. El término preferido por los protestantes es "contextualización".

Infalibilidad: La facultad y seguridad de que, bajo ciertas y determinadas condiciones, el obispo de Roma o el Papa puede pronunciarse libre de error en cuestiones de fe y moral. La infalibilidad fue prometida por Jesucristo a su Iglesia y delegada a San Pedro y sus sucesores (Mt 18:16).

Jerarquía de Verdades: Concepto teológico que reconoce diferentes grados de verdades teológicas en el depósito de fe con diferentes pesos e importancia doctrinal.

Lex orandi lex credendi: Literalmente, la ley de la oración es la ley de la fe. Significa que la vida de oración de la Iglesia expresa y determina sus formulaciones dogmáticas.

Locus theologicus: Literalmente lugar de fuente teológica. Se refiere a aquellos elementos fundamentales que expresan la fe y que teólogos y teólogas estudian para entenderla, por ejemplo, la Sagrada Escritura, documentos del magisterio, etc.

Los maestros de la sospecha: Filósofos y psicólogos del siglo XIX y principios del siglo XX como Nietzsche, Freud y Marx que dudaban de lo que parecía como real a primera vista. Creían que había intereses y fuerzas ocultas y manipuladoras que encubrían lo que realmente estaba ocurriendo. En relación con la religión, pensaban que ésta enmascaraba una realidad manipulada por intereses económicos, enfermizos o por fuerzas políticas manipuladoras y no verdades salvíficas divinas.

Magisterio: El oficio de gobernar y enseñar de la Iglesia divinamente instituido por Jesucristo y confiado a los Apóstoles y sus sucesores.

Mentalidad cientista: El prejuicio de que lo verdadero es lo material que puede observarse, medirse y replicarse por el método científico de experimentación y observación. Descuenta toda realidad y dimensión espiritual por no atenerse a los criterios de la ciencia empírica.

Metafísica: Rama de la filosofía que estudia la existencia o el ser y sus primeros principios como la esencia y la substancia.

Misterio Pascual: La pasión, muerte y resurrección de Jesucristo que se llevó a cabo durante la Pascua Judía y que se celebra en cada Eucaristía y todos los años en el Triduo Pascual que comienza el Viernes Santo y culmina con el Domingo de Resurrección.

Ortopraxis: Literalmente prácticas correctas. Categoría de la teología de la liberación para la acción a favor del pobre que promueve la liberación de la injusticia y busca la coherencia con los principios del Reino de Dios proclamado por Jesucristo.

Patriarcado: La organización de la familia y la sociedad según el principio de que los varones deben ejercer el liderazgo principal.

Primacía Petrina: Reconocimiento del lugar de honor y jurisdicción del obispo de Roma o el Papa en el colegio episcopal o cuerpo de obispos del mundo. Con base en Mt 16:18 y desarrollado a lo largo de los siglos, al Papa se le ha otorgado en la Iglesia Católica la misión de salvaguardar la unidad de toda la Iglesia y ser el pastor universal de ella.

La reforma protestante: Movimiento reformador del siglo XVI comenzado por Martin Lutero que culminó en un cisma de la Iglesia Católica por razones tanto doctrinales como políticas y culturales. Dio a luz a las llamadas iglesias protestantes históricas como la Luterana, la Reformada, la Anglicana, entre otras.

Reino de Dios: El mensaje principal de la predicación de Jesucristo. Jesús lo describe en sus parábolas o cuentos. Es un don de Dios que no será completamente realizado hasta el final de los tiempos pero que estuvo presente de manera personal en el mismo Jesucristo. El reino de Dios también se aproxima en esta tierra tanto personalmente como socialmente en actitudes y acciones que promueven la paz y la justicia social.

Ressourcement: Movimiento teológico que busca renovar la teología volviendo a las fuentes de la Biblia y la Patrística. Tuvo gran influencia en el Vaticano II a través sus representantes principales: Henri de Lubac, Hans Urs von Balthasar y Joseph Ratzinger, el actual Benedicto XVI.

Revelación: La Revelación principal y completa de Dios es Jesucristo de quien dan testimonio la Tradición Apostólica y la Sagrada Escritura.

Sensus fidelium: Literalmente el sentido de la fe que tienen los fieles o, dicho de otra manera, la fe vivida de los creyentes. No debe confundirse con encuestas de opinión. Se considera una fuente teológica privilegiada, especialmente en su manifestación de la religiosidad popular, por la teología hispana estadounidense.

Sensus plenior: Literalmente el sentido pleno. Se refiere al pensamiento Patrístico que mantenía que en la Sagrada Escritura no solamente había un sentido literal sino otros significados deseados por Dios. Esto se debe a que es la palabra de Dios inspirada por el Espíritu Santo. Los otros significados o sentido pleno de la palabra de Dios pueden ser el sentido espiritual o el sentido mistagógico, o sea el relacionado con los Sacramentos, etc.

Sexismo: La creencia de que un género o sexo es inferior o menos valioso que el otro.

Signos de los tiempos: La creencia de que Dios sigue actuando en el mundo a través del Espíritu Santo y que esa acción se puede discernir. Jesucristo habla de leer los signos de los tiempos en Mt 16:2–4.

Soteriología: Rama de la teología dogmática o sistemática que estudia temas relacionados con la salvación.

Teología sacramental: Rama de la teología dogmática o sistemática que estudia la sacramentalidad y la historia, el significado teológico y la celebración de los sacramentos de la Iglesia.

Teología trinitaria: Rama de la teología dogmática o sistemática que estudia el Misterio de la Trinidad, Dios uno y trino.

El Retorno al sujeto en la filosofía: Movimiento iniciado por el filósofo alemán Kant en el siglo XIX. Rechazo de la metafísica por no poder verificarse empíricamente y adopción del conocimiento y categorías del ser humano para elaborar el fundamento de la filosofía. Este cambio influyó en la teología protestante liberal y en la teología católica transcendente entre otras.

La tradición apostólica: Las enseñanzas de los Apóstoles, escritas o en forma oral, transmitidas a sus sucesores los obispos.

BIBLIOGRAFÍA SELECTA

Documentos Magistrales

Catecismo de la Iglesia Católica http://www.vatican.va/ archive/ccc/index_sp.htm. Accesado 18 de octubre, 2008

Documentos del Segundo Concilio Vaticano http://www. vatican.va/archive/hist_councils/ii_vatican_council/index_ sp.htm. Accesado 18 de octubre, 2008

De la Congregación de la Doctrina de la Fe (CDF)

Instrucción sobre algunos aspectos de la «Teología de la liberación»—*Libertatis nuntius* (*Instructio de quibusdam rationibus «Theologiae Liberationis»*), 6 de agosto de 1984 En *Acta Apostolica Sedis* 76 (1984):876–909

Instrucción sobre libertad cristiana y liberación— *Libertatis conscientia* (*Instructio de libertate christiana et liberatione*), 22 de marzo de 1986 En *Acta Apostolica Sedis* 79 (1987):554–599

Instrucción sobre la vocación eclesial del teólogo—*Donum veritatis* (*Instructio de Ecclesiali Theologi vocatione*), 24 de mayo de 1990. En *Acta Apostolica Sedis* 82 (1990):1550–1570

La interpretación de la Biblia en la Iglesia Ciudad del Vaticano: Libreria Editrice Vaticana, 1993

Libros

Melquíades Andrés, ed. *Historia de la teología española* 2 vols. Madrid: Fundación Universitaria Española, 1983, 1987

Eduardo C. Fernández, SJ, *La Cosecha: Harvesting Contemporary United States Hispanic Theology (1972-1998)* Collegeville, MN: The Liturgical Press, 2000

Aidan Nichols, OP, *The Shape of Catholic Theology* Collegeville, MN: The Liturgical Press, 1991

Pablo Richard, ed. *Materiales para una historia de la teología en América Latina* San José, Costa Rica: Departamento Ecuménico de Investigaciones, 1981

José Ignasi Saranyana, ed. *Teología en América Latina* 3 vols. Madrid: Iberoamericana, 1999, 2002, 2005

PARA SEGUIR ESTUDIANDO

Todo lo que hemos visto puede dejarnos la impresión de que la teología es solamente para expertos. Sin duda hay una teología académica que se desarrolla en las universidades y seminarios que requiere una preparación y elaboración muy avanzada. Sin embargo sería un error pensar que la reflexión teológica no es para el creyente que desea conocer mejor y compartir su fe y servir a su comunidad. La formación pastoral teológica es para todos los que quieran prepararse mejor para ejercer su misión como bautizados de evangelizar al mundo, comenzando con la familia, o bien para simplemente mejor conocer y apreciar nuestra fe católica. ¿Pero cómo prepararnos?

La universidad jesuita de Nueva York, Fordham, a través de su Escuela Graduada de Religión y Educación Religiosa (GSRRE) ha elaborado un programa de autoestudio a distancia para los que quieran prepararse teológicamente. Estos cursos están pensados para quienes, al no encontrarse cerca de centros de formación o estar en circunstancias que no les permiten asistir a las ofertas y recursos de éstos, necesitan buscar otras modalidades para formarse. La dificultad de encontrar textos teológicos básicos escritos en español en los EE.UU. como éste que acaban de leer nos ha llevado a elaborar estos cursos con tres textos básicos que casi todos tienen a su alcance: La Biblia, los documentos del Concilio Vaticano II, y el Catecismo de la Iglesia Católica. Las lecturas suplementarias a los PowerPoints (en formato PDF) que aparecen en la página web Isidoro (www.fordham.edu/isidoro) auspiciada por la Universidad de Fordham están tomadas de estas tres fuentes.

A través de la GSRRE quienes estudian el material de estos cursos por cuenta propia y aprueban un examen sobre el mismo podrán obtener créditos CEU e incluso un Certificado de Formación en la Fe. Puedes encontrar más información acerca de esta opción en el website Isidoro mencionado más arriba.